JESUS
Y
JESUS Y LOS
ESENIOS

EDITORIAL
KIER

EDOUARD SCHURE

JESUS

Y

JESUS Y LOS ESENIOS

LA MISION DEL CRISTO
LA SECRETA ENSEÑANZA DE JESÚS

DECIMO TERCERA EDICION

EDITORIAL
kiER

Desde 1907 un sello positivo
para un mundo que merece serlo

Schuré, Eduardo
    Jesús y Jesús y los esenios. - 1ª.ed. 13ª reimp. -
    Buenos Aires : Kier, 2005.   224 p. ; 15x11 cm. -
    (Joyas Espirituales)

    ISBN 950-17-0838-1

    1. Espiritualidad I. Título
    CDD 248

Título original en francés:
Les Grands Inities
Traductor:
Anónimo
Diseño de tapa:
Graciela Goldsmidt
LIBRO DE EDICION ARGENTINA
Queda hecho el depósito que marca la ley 11.723
© 2005 by Editorial Kier S. A., Buenos Aires
Av. Santa Fe 1260 (C1059ABT), Buenos Aires, Argentina
Tel: (54-11) 4811-0507 Fax: (54-11) 4811-3395
http://www.kier.com.ar - E-mail: info@kier.com.ar
Impreso en Argentina
Printed in Argentina

JESÚS

LA MISIÓN DEL CRISTO

No he venido para abolir la Ley y los Profetas, sino para seguirlos.

Mateo, V, 17.

La luz está en el mundo, y el mundo ha sido hecho por ella; pero el mundo no la ha conocido.

Juan, I, 10.

El advenimiento del Hijo del Hombre será como un relámpago que vale del Oriente y va hacia el Occidente.

Mateo, XXIV, 27.

I

ESTADO DEL MUNDO AL NACIMIENTO DE JESÚS [1]

Solemne era la hora del mundo; el cielo del planeta estaba ensombrecido y lleno de presagios siniestros.

A pesar del esfuerzo de los iniciados, el politeísmo sólo había conducido en Asia, en África y en Europa a un desastre de la civilización. Esto no disminuye el alcance de la sublime cosmogonía de Orfeo, tan espléndidamente cantada, aunque ya disminuída, por Homero. Sólo se puede acusar a la

---

[1] El trabajo hecho desde hace cien años por la crítica sobre la vida de Jesús, es uno de los más considerables de estos tiempos. De esto se encontrará una exposición completa en el luminoso resumen que ha hecho M. Sabatier (**Dicctionnaire des Sciences religieuses**, por Lichtenberger, tomo VII. Artículo **Jesús**). Ese hermoso estudio da toda la historia de la cuestión y señala con precisión su estado actual. Recordaré aquí sencillamente las dos fases principales que ha atravesado con Strauss y Renán, para mejor establecer el punto de vista nuevo en que me he colocado.

Saliendo de la escuela filosófica de Hegel y relacionándose con la escuela crítica e histórica de Bauer, Strauss, sin negar

naturaleza humana de su dificultad en mantenerse
en cierta altura intelectual. Para los grandes espíritus de la antigüedad, los Dioses jamás fueron otra
cosa que una expresión poética de las fuerzas je-
rarquizadas de la naturaleza, una imagen parlante
de su organismo interno, y también como símbolos
de las fuerzas cósmicas y anímicas, esos Dioses viven
indestructibles en la conciencia de la humanidad.
En el pensamiento de los iniciados, esa diversidad
de dioses o fuerzas estaba dominada y penetrada
por el Dios supremo o Espíritu puro. El objeto
principal de los santuarios de Memphis, de Delfos
y de Eleusis había sido precisamente enseñar esa

---

la existencia de Jesús, trató de probar que su vida, tal como
se cuenta en los Evangelios, es un mito, una leyenda creada
por la imaginación popular para llenar las necesidades del
cristianismo naciente y según las profecías del Antiguo Testamento. Su tesis, puramente negativa, defendida con extrema ingeniosidad y profunda erudición, se ha visto que era
cierta en algunos puntos de detalle, pero absolutamente in-
sostenible en el conjunto y sobre los puntos esenciales. Además tiene el grave defecto de no explicar el carácter de Jesús
ni el origen del cristianismo. La vida de Jesús, de Strauss,
es un sistema planetario sin sol. Hay que concederle no
obstante un mérito considerable: el de haber trasladado el
problema desde el dominio de la teología dogmática al de
los textos y la historia.
La vida de Jesús, de Renán, debe su brillante fortuna a
sus altas cualidades estéticas y literarias, pero también a la
audacia del escritor, que ha osado hacer de la vida del Cristo
un problema de psicología humana. ¿Lo ha resuelto? Después del éxito deslumbrador del libro, la opinión general de

unidad de Dios con las ideas teosóficas y la disciplina moral que con ello se relacionan. Pero los discípulos de Orfeo, de Pitágoras y de Platón fracasaron ante el egoísmo de los políticos, ante la mezquindad de los sofistas y las pasiones de la multitud. La descomposición social y política de Grecia fue la consecuencia de su descomposición religiosa, moral e intelectual. Apolo, el verbo solar, la manifestación del Dios supremo y del mundo supraterrestre por la belleza, la justicia y la adivinación, se calla. Ya no hay más oráculos, más inspirados, más verdaderos poetas: Minerva-Sabiduría y Providencia, se vela ante su pueblo transformado en sátiro, que profana los Misterios, insulta a los sabios

---

la crítica ha sido que no. El Jesús de M. Renán comienza su carrera como dulce soñador, moralista entusiasta y cándido; la termina como taumaturgo violento, que ha perdido el sentido de la realidad. "A pesar de todos los cuidados del historiador, dice M. Sabatier, resulta la marcha de un espíritu sano hacia la locura. El Cristo de M. Renán flota entre los cálculos del ambicioso y los ensueños del iluminado." El hecho es que llega a ser el Mesías sin quererlo y casi sin saberlo. Sólo se deja imponer ese nombre para complacer a los apóstoles y al deseo popular. No es con una fe tan débil como un verdadero profeta crea una religión nueva y cambia el alma de la tierra. La vida de Jesús, de M. Renán, es un sistema planetario iluminado por un pálido sol, sin magnetismo vivificante y sin calor creador.

¿Cómo Jesús llegó a ser Mesías? He aquí el problema primordial, esencial, en la concepción del Cristo. Precisamente es en él donde M. Renán ha vacilado y tomado un camino de traviesa. M. Theodoro Keim ha comprendido que era prey a los dioses, en el teatro de Baco, en las farsas aristofanescas. Los misterios mismos se corrompen, pues se admite a las sicofantas y a las cortesanas en las fiestas de Eleusis. Cuando el alma se espesa, la religión se vuelve idólatra; cuando el pensamiento se materializa, la filosofía cae en el escepticismo. Así vemos a Luciano, microbio naciente sobre el cadáver del paganismo, burlarse de los mitos, después que Carneade desconoció su origen científico.

Supersticiosa en religión, agnóstica en filosofía, egoísta y disolvente en política, ebria de anarquismo y condenada a la tiranía; he aquí lo que habría llegado a ser aquella Grecia divina, que nos ha

---

ciso abordar este problema de frente (**Das Leben Jesu**, Zurich, 1875, 3ª edición). Su Vida de Jesús es la más notable que se ha escrito después de la de M. Renán. Ella aclara la cuestión con toda la luz que se puede sacar de los textos y de la historia, interpretados **exotéricamente**. Pero el problema no es de aquellos que puedan resolverse sin la intuición y sin la tradición **esotérica**.

Con esta luz esotérica, antorcha interna de todas las religiones, verdad central de toda filosofía fecunda, he tratado de reconstruir la vida de Jesús en sus grandes líneas, teniendo cuenta de todo el trabajo anterior de la crítica histórica, que ha preparado el terreno. No tengo necesidad de definir aquí lo que entiendo por el punto de vista esotérico, síntesis de la Ciencia y de la Religión. Todo este libro constituye su desarrollo, y añadiré únicamente en lo que concierne al valor histórico y relativo de los Evangelios, que he tomado los tres sinópticos (Mateo, Marcos y Lucas) por base, y a Juan como arcano de la doctrina esotérica del Cristo, admi-

transmitido la ciencia egipcia y los misterios del
Asia bajo las inmortales formas de la belleza.

Si alguno comprendió lo que al mundo antiguo
faltaba, si alguien trató de elevarlo por un esfuerzo
de heroísmo y de genio, fue Alejandro el Grande.
Ese legendario conquistador, iniciado como su padre Filipo en los misterios de Samotracia, se mostró
más hijo intelectual de Orfeo que discípulo de Aristóteles. Sin duda, el Aquiles de Macedonia, que se
lanzó con un puñado de griegos, a través del Asia,
hasta la India, soñó con el imperio universal, pero
no al modo de los Césares por la opresión de los
pueblos, por el aplastamiento de la religión y la
ciencia libres. Su gran idea fue la reconciliación del

---

tiendo a la vez la redacción posterior y la tendencia simbólica
de este Evangelio.

Los cuatro Evangelios, que deben compararse y rectificarse
unos con otros, son igualmente auténticos, pero a títulos diferentes. Mateo y Marcos nos dan los Evangelios preciosos de
la letra y del hecho; allí se encuentran los actos y las palabras públicas .El dulce Lucas deja entrever el sentido de los
misterios bajo el velo poético de la leyenda; es el Evangelio
del Alma, de la Mujer y del Amor. San Juan reveló esos
misterios. Se encuentran en él los filones secretos y profundos de la doctrina, el sentido de la promesa, la reserva esotérica. Clemente de Alejandría, uno de los raros obispos
cristianos que tuvieron la clave del esoterismo universal, le
ha llamado, con razón, el Evangelio del Espíritu. Juan tiene
una visión profunda de las verdades trascendentales reveladas
por el Maestro y una manera poderosa de resumirlas. Por
eso tiene por símbolo el águila, cuyas alas franquean los
espacios y cuyo ojo flameante los posee.

Asia y la Europa, por una síntesis de las religiones apoyada sobre una autoridad científica. Movido por este pensamiento, rindió homenaje a la ciencia de Aristóteles, como a la Minerva de Atenas, al Jehovah de Jerusalén, al Osiris egipcio y al Brahma de los Indios, reconociendo, cual verdadero iniciado, la misma divinidad y la misma Sabiduría bajo todos esos símbolos. Amplias miras, soberbia adivinación eran las de este nuevo Dyonisos. La espada de Alejandro fue el último resplandor de la Grecia de Orfeo. Él iluminó el Oriente y el Occidente. El hijo de Filipo murió en la embriaguez de su victoria y de su ensueño, dejando los jirones de su imperio a generales rapaces. Pero su pensamiento no murió con él. Había fundado Alejandría, donde la filosofía oriental, el judaísmo y el helenismo debían fundirse en el crisol del esoterismo egipcio, esperando la palabra de resurrección del Cristo.

A medida que los astros-gemelos de Grecia, Apolo y Minerva, descendían palideciendo sobre el horizonte, los pueblos vieron subir en su cielo tempestuoso un signo amenazador: la loba romana.

¿Cuál es el origen de Roma? La conjuración de una oligarquía ávida, en nombre de la fuerza brutal; la opresión del intelecto humano, de la Religión, de la Ciencia y del Arte por el poder político deificado; en otros términos, lo contrario de la verdad, según la cual un gobierno no extrae su derecho más que de los principios supremos de la Cien-

cia, de la Justicia y de la Economía.[1] Toda la
historia romana no es más que la consecuencia de
ese pacto de iniquidad, por cuyo medio los Padres
Conscriptos declararon la guerra a Italia al principio y después a todo el género humano. ¡Eligie-
ron bien su símbolo! La loba de bronce, que eriza
su pelo salvaje y adelanta su cabeza de hiena sobre
el Capitolio, es la imagen de aquel gobierno, el
demonio que poseerá hasta el final el alma romana.

En Grecia, al menos se respetó siempre a los
santuarios de Delfos y de Eleusis. En Roma se re-
chazó desde el principio la Ciencia y el Arte. La
tentativa del sabio Numa, el iniciado etrusco, fra-
casó ante la ambición sospechosa de los Padres
Conscriptos. Trajo consigo los libros sibilinos, que
contenían una parte de la ciencia de Hermes. Creó
jueces árbitros elegidos por el pueblo, distribuyó
tierras, elevó un Templo a la Buena Fe y a Jano,
hierograma que significa la universalidad de la Ley;
sometió el derecho de guerra a los Feciales. El rey
Numa, que la memoria del pueblo no dejó de querer por considerarle inspirado por un genio divino,

---

[1] Este punto de vista diametralmente opuesto a la escuela
empírica de Aristóteles y de Montesquieu, fue el de los grandes iniciados, de los sacerdotes egipcios, como de Moisés y
Pitágoras. Ha sido señalado y puesto a la luz del día, con
mucha fuerza, en una obra citada ya: **La Misión de los Judíos**, de M. Saint-Ives. Véase su notable capítulo sobre la
fundación de Roma.

parece una intervención histórica de la ciencia sagrada en el gobierno. No representa al genio romano, sino al genio de la iniciación etrusca, que seguía los mismos principios que la escuela de Memphis y de Delfos.

Después de Numa, el Senado romano quemó los libros sibilinos, arruinó la autoridad de los fláminis, destruyó las instituciones arbitrales y volvió a su sistema, en que la religión sólo era un instrumento de dominación política. Roma se convirtió en la hidra que devora a los pueblos con sus Dioses. Las naciones de la tierra fueron poco a poco sometidas y expoliadas. La prisión mamertina se llenó de reyes del Norte y del Mediodía. Roma, no queriendo más sacerdotes que esclavos y charlatanes, asesina en la Galia, en Egipto, en Judea y en Persia, a los últimos mantenedores de la tradición esotérica. Aparenta adorar a los Dioses, pero en realidad no adora más que a su loba. Y ahora, en una aurora sangrienta, aparece a los pueblos el último hijo de esa loba, que resume el genio de Roma. ¡César! Roma ha absorbido a todos los pueblos; César, su encarnación, devora todos los poderes. César no aspira únicamente a ser emperador de las naciones; uniendo sobre su cabeza la tiara a la diadema, se hace nombrar gran pontífice. Después de la batalla de Thapsus, le votan la apoteosis heroica; después de la de Munda, la apoteosis divina; luego su estatua se erige en el templo de Quirinus, con un colegio de oficiantes que llevan

su nombre: los sacerdotes Julianos. Por una suprema ironía y una suprema lógica de las cosas, ese
mismo César, que se hace Dios, niega la inmortalidad del alma en pleno Senado. ¿Es bastante decir,
que no hay más Dios que César?

Con los Césares, Roma, heredera de Babilonia,
extiende su mano sobre el mundo entero. Pero ¿qué
ha venido a ser el Estado romano? El Estado romano destruye en el exterior toda la vida colectiva.
Dictadura militar en Italia; exacciones de los go-
bernadores y de los publicanos en las provincias.
Roma conquistadora se arroja como un vampiro
sobre el cadáver de las sociedades antiguas.

Y ahora la orgía romana puede manifestarse a la
luz del día, con su bacanal de vicios y su desfile
de crímenes. Comienza por el voluptuoso encuentro
de Marco Antonio y de Cleopatra; terminará por
los desbordes de Mesalina y los furores de Nerón.
Debuta con la parodia lasciva y pública de los misterios; acabará con el circo romano, donde las fieras
se lanzarán sobre vírgenes desnudas, mártires de su
fe, en medio de los aplausos de veinte mil espec-
tadores.

Sin embargo, entre los pueblos conquistados por
Roma había uno que se llamaba el pueblo de Dios,
y cuyo genio era opuesto al genio romano. ¿De qué
procede que Israel, gastado por sus luchas intesti-
nas, aplastado por trescientos años de servidumbre,
haya conservado su fe indomable? ¿Por qué aquel
pueblo vencido se levanta frente a la decadencia

griega y la orgía romana, como un profeta, con la cabeza cubierta con cenizas y los ojos llameantes de cólera terrible? ¿Por qué osaba predecir la caída de los dueños del mundo, que tenían un pie sobre su garganta, y hablar no se sabe de qué triunfo final, cuando él mismo se aproximaba a su irremediable ruina? Era porque una grande idea vivía en él, la que le había sido inculcada por Moisés. Bajo Josué, las doce tribus habían erigido una piedra conmemorativa con esta inscripción: "Es un testimonio entre nosotros que Ievé es el solo Dios."

Cómo y por qué el legislador de Israel había hecho del monoteísmo la piedra angular de su ciencia, de su ley social, y de una idea religiosa universal, lo hemos visto en el libro de Moisés. Éste había tenido el genio de comprender que del triunfo de esta idea dependía el porvenir de la humanidad. Para conservarla había escrito un Libro jeroglífico, construído un Arca de oro, suscitado un Pueblo del polvo nómada del desierto. Sobre esos testigos de la idea espiritualista, Moisés hace surgir el fuego del cielo y retumbar el trueno. Contra ellos se conjuran no sólo los Moabitas, Filisteos, Amalecitas, todos los pueblos de Palestina, sino también las pasiones y debilidades del mismo pueblo judío. El Libro cesó de ser comprendido por el sacerdocio; el Arca fue tomada por los enemigos; y cien veces estuvo el pueblo a punto de olvidar su misión. ¿Por qué continuó fiel, a pesar de todo? ¿Por qué la idea de Moisés quedó grabada en la frente y el

corazón de Israel en letras de fuego? ¿A quién es
debida esta perseverancia exclusiva, esta fidelidad
grandiosa a través de las vicisitudes de una historia
agitada, llena de catástrofes, fidelidad que da a
Israel su fisonomía única entre las naciones? Se
puede responder osadamente: a los profetas y a la
institución del profetismo. Rigurosamente y por la
tradición oral, esto remonta hasta Moisés. El pueblo hebreo ha tenido **Nabíes** en todas las épocas
de su historia, hasta su dispersión. Pero la institución del profetismo nos aparece, por la primera vez
bajo una forma orgánica, en época de Samuel. Samuel fue quien fundó esas cofradías de **Nebrüm**,
esas escuelas de profetas frente a la monarquía naciente y a un ascerdocio ya degenerado. De ello
hizo guardianes austeros de la tradición esotérica y
del pensamiento religioso universal de Moisés, contra los reyes, en quienes debía predominar la idea
política y el objetivo nacional. En aquellas cofradías se conservaron en efecto los restos de la ciencia
de Moisés, la música sagrada con sus modos y sus
poderes, la terapéutica oculta, en fin el arte de la
adivinación que los grandes profetas desplegaron
con una pujanza, una alteza y una abnegación
magistrales.

La adivinación ha existido bajo las formas y por
los más diversos medios en todos los pueblos del
antiguo ciclo. Pero el profetismo de Israel tiene
una amplitud, una elevación, una autoridad que
pertenece a la alta región intelectual y espiritual,

en que el monoteísmo mantiene el alma humana.
El profetismo presentado por los teólogos de la letra como la comunicación directa de un Dios personal, negado por la filosofía naturalista como una
pura superstición, sólo es en realidad la manifestación superior de las leyes universales del Espíritu.
"Las verdades generales que gobiernan al mundo,
dice Ewald en su hermoso libro sobre los profetas,
en otros términos **los pensamientos de Dios**, son
inmutables e inatacables, completamente indepen-
dientes de las fluctuaciones de las cosas, de la voluntad y de la acción de los hombres. El hombre
es llamado originalmente a participar de ellos, a
comprenderlos y traducirlos libremente en actos.
Por ahí alcanza su propio, su verdadero destino.
Pero para que el Verbo del Espíritu penetre en el
hombre de carne, es preciso que el hombre sea sacudido hasta el fondo por las grandes conmociones
de la historia. Entonces la verdad eterna brota
como un reguero de luz. Por esto se dice tan frecuentemente en el Antiguo Testamento, que **Javeh
es un Dios vivo.** Cuando el hombre escucha la
divina voz, una nueva vida se edifica en él, en
la cual ya no se siente solo, sino en comunión con
Dios y con todas las verdades, y en la cual se encuentra presto a ir de una verdad a la otra, hasta
el infinito. En esa nueva vida, su pensamiento se
identifica con la voluntad universal. Tiene la visión
clara del tiempo presente y la fe plena en el éxito
final de la idea divina. El hombre que siente esto

es profeta, es decir, que se siente irresistiblemente lanzado a manifestarse a los demás como representante de Dios. **Su pensamiento se convierte en visión**, y esa fuerza superior que hace brotar la verdad de su alma, a veces quebrándola, constituye el elemento profético. **Las manifestaciones proféticas han sido en la historia los rayos y los relámpagos de la verdad."** [1]

He aquí la fuente de donde esos gigantes que se llaman Elías, Isaías, Ezequiel, Jeremías, extrajeron su fuerza. En el fondo de sus cavernas o en el palacio de los reyes, fueron realmente los centinelas del Eterno, y como dice Eliseo a su maestro Elías, "los carros y los jinetes de Israel". Con frecuencia predicen de un modo clarividente la muerte de los reyes, la caída de los reinos, los castigos de Israel. A veces también se engañan. Aunque encendida en el sol de la verdad divina, la antorcha profética vacila y se oscurece a veces en sus manos al soplo de las pasiones nacionales. Pero jamás se equivocan sobre las verdades morales, sobre la verdadera misión de Israel, sobre el triunfo final de la justicia en la humanidad. Como verdaderos iniciados, predican el desprecio al culto exterior, la abolición de los sacrificios sangrientos, la purificación del alma y la caridad. Donde su visión es admirable es en cuanto concierne a la victoria final del monoteísmo, su papel libertador y pacificador para

---

[1] Ewald, **Die Propheten**. Introducción.

todos los pueblos. Las más terribles desgracias que
puedan afligir a una nación, la invasión extranjera,
la deportación en masa a Babilonia, no pueden
quebrantar su fe. Escuchad a Isaías durante la invasión de Senacherib: "¿Yo que doy vida a los otros,
no podré dar vida a Sión?, ha dicho el Eterno. Yo
que hago nacer, ¿le impediré que nazca?, ha dicho
tu Dios. Regocijaos con Jerusalén y estad en alegría a causa de él, vos que le amáis, vos que lloráis
sobre él, regocijaos con él con gran alegría. Pues
así ha dicho el Eterno: He aquí, yo voy a derramar
sobre ella la paz como un río, y la gloria de las
naciones como un torrente desbordado; y seréis
amamantados y seréis llevados con ella y os acari-
ciarán las rodillas. Os consolaré como una madre
consuela a su hijo, y seréis consolados en Jerusalén.
Viendo sus obras y sus pensamientos, vengo para
reunir a todas las naciones y a todas las lenguas;
ellas vendrán y verán mi gloria." [1] Apenas si hoy
ante la tumba de Cristo esa visión comienza a reali-
zarse; mas ¿quién podría negar su verdad profética,
al pensar en el papel de Israel en la historia de la
humanidad? No menos inquebrantable que esta fe
en la gloria futura de Jerusalén, en su grandeza
moral, en su universalidad religiosa, es la fe de los
profetas en un Salvador o un Mesías. De él hablan;
el incomparable Isaías es también quien le ve más
claramente, quien le pinta con más fuerza en su

---

[1] Isaías, LXVI, 10-18.

lenguaje atrevido. "Saldrá un brote del tronco de Jessé, un vástago saldrá de sus raíces, y el Espíritu de Sabiduría y de Inteligencia, el Espíritu de Consejo y de Fuerza, el Espíritu de Ciencia y de Temor del Eterno. Juzgará con justicia a los pequeños y condenará con rectitud para mantener a los buenos sobre la tierra; y castigará a la tierra con el látigo y la boca y hará morir al malvado por el espíritu de sus labios." [1] A esta visión el alma sombría del profeta se calma y se aclara como un cielo de tormenta al temblor de una arpa celeste, y todas las tempestades huyen. Porque ahora es realmente la imagen del galileo la que se dibuja en su ojo interno: "Él ha salido como una flor de la tierra seca, ha crecido sin brillo. Es despreciado y el último de los hombres, un hombre de dolores. Se ha cargado de nuestros dolores y hemos creído que era un castigado por Dios. Ha quedado desolado por nuestros delitos y abatido por nuestras iniquidades. El castigo que nos trae la paz, ha caído sobre él y tenemos la curación de su llaga... Le acosan, le abaten y le llevan a la muerte como a un cordero y no ha abierto la boca." [2]

Durante ocho siglos, sobre las disensiones y los infortunios nacionales, el verbo tonante de los profetas hizo dominar sobre todo la idea y la imagen del Mesías, tan pronto como un vengador te-

---

[1] Isaías, XI, 1-5.
[2] Isaías, LIII, 2-8.

rrible, como un ángel de misericordia. Incubada
bajo la tiranía asiria en el destierro de Babilonia,
nacida bajo la dominación persa, la idea mesiánica
no hizo más que engrandecerse bajo el reino de
los Seleúcidas y de los Macabeos. Cuando llegaron
la dominación romana y el reino de los Herodes,
el Mesías vivía en todas las conciencias. Si los grandes profetas le habían visto bajo el aspecto de un
justo, de un mártir, de un verdadero hijo de Dios,
el pueblo, fiel a la idea judaica, se lo figuraba como un David, como un Salomón o como un nuevo
Macabeo. Pero, como quiera que ello fuese, todo
el mundo creía en aquel restaurador de la gloria
de Israel, le esperaba, le llamaba. Tal es la fuerza
de la acción profética.

Así, de igual modo que la historia romana conduce fatalmente a César por la vía instintiva y la
lógica infernal del Destino, así también la historia
de Israel conduce libremente al Cristo por la vía
consciente y la lógica divina de la Providencia ma-
nifestada en sus representantes visibles: los profetas. El mal queda de continuo condenado a contra-
decirse y a destruirse a sí mismo, porque es lo falso; pero el Bien, a pesar de todos los obstáculos,
engendra la luz y la armonía en la serie de los
tiempos, porque él es la fecundidad de lo verdadero. De su triunfo, Roma sólo extrajo el cesarismo; de su hundimiento, Israel dio a luz al Mesías,
dando razón a esta hermosa frase de un poeta mo-

derno: "De su propio naufragio, la Esperanza crea
la cosa contemplada."

Una vaga espera estaba suspendida sobre los pueblos. En el exceso de sus males, la humanidad
entera presentía su salvador. Hacía siglos que las
mitologías soñaban con un niño divino. Los templos de él hablaban en el misterio; los astrólogos
calculaban su venida; sibilas delirantes habían vo-
ciferado la caída de los dioses paganos. Los iniciados habían anunciado que un día había de llegar
en que el mundo sería gobernado por uno de los
suyos, por un hijo de Dios.[1] La tierra esperaba un
rey espirtual que fuese comprendido por los pequeños, los humildes y los pobres.

El gran Esquilo, hijo de un sacerdote de Eleusis,
estuvo a punto de perecer a manos de los Atenien-
ses, porque se atrevió a decir, por boca de su Pro-
meteo, que el reino de Júpiter-Destino terminaría.
Cuatro siglos más tarde, a la sombra del trono de
Augusto, el dulce Virgilio anunció una edad nueva
soñando con un niño maravilloso: "Ha llegado esa
última edad predicha por la sibila de Cumes, el
gran orden de los siglos agotados vuelve a empe-
zar; ya vuelve la Virgen y con ella el reino de
Saturno; ya de lo alto de los cielos desciende una
raza nueva. Este niño, cuyo nacimiento debe des-

---

[1] Tal es el sentido esotérico de la bella leyenda de los
reyes magos, viniendo del fondo del Oriente a adorar al niño
de Bethlehem.

terrar el siglo del hierro y traer la edad de oro al
mundo entero, dígnate, casta Luciana, protegerle;
ya reina Apolo tu hermano. Mira balancearse el
mundo sobre su eje quebrantado; mira la tierra,
los mares en su inmensidad, el cielo y su bóveda
profunda, la naturaleza entera estremecerse con la
esperanza del siglo futuro." [1]

¿Dónde nacerá ese niño? ¿De qué mundo divino
vendrá su alma? ¿Por medio de qué relámpago de
amor descenderá a la tierra? ¿Por qué maravillosa
fuerza, por qué sobrehumana energía recordará el
cielo abandonado? ¿Por qué esfuerzo gigantesco sa-
brá resurgir desde el fondo de su conciencia terrestre y arrastrar tras sí la humanidad?

Nadie hubiese podido decirlo, pero le esperaba.
Herodes el Grande, el usurpador idumeo, el protegido de César-Augusto, agonizaba entonces en su
castillo de Cypros, en Jericó, después de un reinado suntuoso y sangriento que había cubierto la
Judea de palacios espléndidos y de hecatombes hu-

---

[1] Ultima Cumaei venit jam carminis aetas:
  Magnus ab integro saeclorum nascitur ordo.
  Jam redit et Virgo, redeunt Saturnia regna;
  Jam nova progenies coelo demitittur alto.
  Tu modo nascenti puero, quo ferrea primum
  Desinet, ac toto surget gens aurea mundo,
  Casta, fave, Lucina; tuus jam regnat Apollo.
  ...Aspice convexo nutantem pondere mundum,
  Terrasque, tractusque maris, coelumque profundum;
  Aspice venturo laetantur ut omnia soeclo.

                          (Virgilio, **Égloga**, IV).

manas. Expiraba de una horrible enfermedad, de una descomposición de la sangre, odiado de todos, roído de furor y de remordimientos, frecuentado por los espectros de sus innumerables víctimas, entre las cuales se encontraban su inocente mujer la noble Mariana, de la sangre de los Macabeos, y tres de sus propios hijos. Las siete mujeres de su harem habían huído ante el fantasma real, que vivo aún, olía ya a sepulcro. Sus mismos guardias le habían abandonado. Impasible al lado del moribundo, velaba su hermana Salomé, su mala inspiradora, instigadora de sus más negros crímenes. Con la diadema en la frente, el pecho chispeante de pedrerías, en actitud altiva, espiaba el último suspiro del rey, para coger el poder a su vez.

Así murió el último rey de los Judíos. En aquel mismo momento acababa de nacer el futuro Rey espiritual de la humanidad,[1] y los raros iniciados de Israel preparaban en silencio su reinado, en una humildad y oscuridad profundas.

---

[1] Herodes murió el año 4 antes de nuestra era. Los cálculos de la crítica concuerdan hoy en hacer remontar a esa fecha el nacimiento de Jesús. Véase a Keim, **Das Leben Jesu**.

II

MARÍA — LA PRIMERA INFANCIA
DE JESÚS

Jehoshua, que llamamos Jesús por su nombre helenizado Iησους, nació probablemente en Nazareth.[1] Ciertamente fue en aquel rincón perdido de Galilea donde pasó su infancia y se cumplió el primero, el mayor de los misterios cristianos: el florecimiento del alma del Cristo. Era hijo de Myriam, que llamamos María, mujer del carpintero José, una Galilea de noble cuna, afiliada a los Esenios.

La leyenda ha envuelto el nacimiento de Jesús en un tejido de maravillas. Si la leyenda contiene muchas supersticiones, a veces también encubre verdades psíquicas poco conocidas, porque están sobre la percepción común. Un hecho parece resaltar en la historia legendaria de María, el de que Jesús fue un niño consagrado a una misión profética, por

---

[1] No es en ningún modo imposible que Jesús haya nacido en Bethlehem por una circunstancia fortuita. Pero esta tradición parece formar parte del ciclo de leyendas posteriores sobre la sagrada familia y la infancia del Cristo.

el deseo de su madre, antes de su nacimiento. Se
cuenta lo mismo de varios héroes y profetas del
Antiguo Testamento. Esos hijos dedicados a Dios
por su madre, se llamaban **Nazarenos.** Sobre esto
es interesante leer la historia de Sansón y la de
Samuel. Un ángel anuncia a la madre de Sansón
que va a quedar encinta; que dará a luz un hijo
que no se cortará el cabello, "porque el niño será
nazareno desde el seno de su madre; y él será quien
comenzará a libertar a Israel del yugo de los Filisteos".[1] La madre de Samuel pidió ella misma su
hijo a Dios. "Anna, mujer de Elkana, era estéril.
Hizo ella un voto y dijo: ¡Eterno de los ejércitos
celestes!, si das un hijo varón a tu sierva, lo daré
al Eterno por todos los días de su vida, y ninguna
navaja afeitará su cabeza... **Entonces Elkana co-
noció a su mujer**... Algún tiempo después, Anna
concibió y dio a luz un hijo y le llamó Samuel,
porque, dijo, se lo he pedido al Eterno."[2] Sam-u-el
significa, según las raíces semíticas primitivas: **Esplendor interior de Dios.** La madre, sintiéndose
como iluminada por aquél que en ella encarnaba,
le consideraba como la **esencia etérea del Señor.**

Estos pasajes son extremadamente interesantes,
porque nos hacen penetrar en la tradición esotérica, constante y viva en Israel, y por ella en el sentido verdadero de la leyenda cristiana. Elkana, el

---

[1] Jueces, XIII, 3-5.
[2] Samuel, libre I, capítulo I, 11-20.

marido, es sin duda el padre celeste según el Espíritu. El lenguaje figurado del monoteísmo judaico recubre aquí la doctrina de la preexistencia del alma. La mujer iniciada llama a sí a una alma superior, para recibirla en su seno y dar a luz un profeta. Esta doctrina, muy elevada entre los judíos, completamente ausente de su culto oficial, formaba parte de la tradición secreta de los iniciados, y asoma en los profetas. Jeremías la afirma en estos términos: "La palabra del Eterno me fue dirigida y me dijo: **Antes de que te formase en el seno de tu madre, te he conocido;** antes de que hubieses salido de su seno, te he santificado y te he establecido profeta entre las naciones." [1] Jesús dirá igualmente a los fariseos escandalizados: "En verdad os digo: antes de que Abraham fuese, yo era." [2]

De todo ello, ¿qué se puede retener tocante a María, madre de Jesús? Parece ser que en las priméras comunidades cristianas, Jesús ha sido considerado como un hijo de María y de José, puesto que Mateo nos da el árbol genealógico de José, para probarnos que Jesús desciende de David. Allí sin duda, como entre algunas sectas gnósticas, se veía en Jesús un hijo dado por el Eterno en el mismo sentido que Samuel. Más tarde, la leyenda, preocupada con mostrar el origen sobrenatural del Cristo, hiló su velo de oro y azul: la historia de

---

[1] Jeremías, I, 4.
[2] Juan Ev., VIII, 5-8.

José y María, la Anunciación y hasta la infancia de
María en el templo son bien legendarias.[1]

Si tratamos de desentrañar el sentido esotérico
de la tradición judía y de la leyenda cristiana, di-
remos: la acción providencial, o para hablar más
claramente, el influjo del mundo espiritual, que
concurre al nacimiento de cada hombre, es más
poderoso y más visible en el nacimiento de todos
los hombres de genio, cuya aparición no se explica
en ningún modo por la única ley del atavismo físico. Este influjo alcanza su mayor intensidad cuando
se trata de uno de esos divinos profetas destinados
a cambiar la faz del mundo. El alma elegida para
una misión divina, viene de un mundo divino; viene libremente, conscientemente; pero para que entre en escena en la vida terrestre, necesita un vaso
elegido, es precisa la invocación de una madre de
calidad que, por la aptitud de su ser moral, por
el deseo de su alma y la pureza de su vida presente,
atraiga, encarne en su sangre y en su carne el alma
del redentor, destinado a llegar a ser a los ojos de
los hombres un hijo de Dios. Tal es la verdad profunda que recubre la antigua idea de la Virgen-
Madre. El genio indo lo había ya expresado en la
leyenda de Krishna. Los Evangelios de Mateo y de
Lucas la han dado con una sencillez y una poesía
aún más admirables.

---

[1] Evangelio apócrifo de María y de la infancia del Salvador, publicado por Tischendorff.

"Para el alma que del cielo viene, el nacimiento
es una muerte", había dicho Empédocles, quinientos años antes de Cristo. Por sublime que sea un
espíritu, una vez sumido en la carne pierde tempo-
ralmente el recuerdo de todo su pasado; una vez
cogido en el engranaje de la vida corporal, el desarrollo de su conciencia terrestre queda sometido a
las leyes del mundo en que encarna. Cae bajo la
fuerza de los elementos. Cuanto más alto haya sido
su origen mayor será el esfuerzo para recobrar sus
dormidas potencias, sus inmensidades celestes, y adquirir conciencia de su misión.

Las almas profundas y tiernas, necesitan silencio
y paz para florecer. Jesús creció en la calma de
Galilea. Sus primeras impresiones fueron dulces,
austeras y serenas. El valle natal parecía un jirón
del cielo caído en un pliegue de la montaña. La
aldea de Nazareth no ha cambiado apenas en el
curso de los siglos.[1] Sus casas escalonadas bajo la
roca parecen, al decir de los viajeros, a cubos blancos sembrados en una selva de granados, higueras
y viñas, como surcada por grandes bandadas de
palomas. Alrededor de este nido de fresco y verdor,
circula el aire vivo de las montañas; en las alturas
se abre el horizonte libre y luminoso de Galilea.

---

[1] Todo el mundo recuerda las magistrales descripciones de
la Galilea, de M. Renán, en su **Vida de Jesús**, y las no menos
notables de M. E. Melchor de Vogüe, **Voyage en Syrie et en
Palestine.**

Agregad a ese cuadro grandioso el interior grave de una familia piadosa y patriarcal.

La fuerza de la educación judía residió en todo tiempo en la unidad de la ley y de la fe, así como en la poderosa organización de la familia, dominada por la idea nacional y religiosa. La casa paterna era para el niño una especie de templo. En lugar de los frescos alegres, faunos y ninfas, que adornaban el atrio de las casas griegas, tales como podían verse en Sephoris y en Tiberiades, no se veía en las casas judías más que párrafos de la ley y de los profetas, cuyas bandas rígidas se extendían sobre las puertas y muros en caracteres caldeos. Pero la unión del padre y de la madre en el amor de los hijos, calentaba e iluminaba la desnudez de aquel interior con una vida espiritual. Allí recibió Jesús su primera enseñanza, allí por boca de su padre y su madre, aprendió a conocer al principio las Escrituras. Desde sus primeros años, el largo, el extraño destino del pueblo de Dios se desarrolló ante su ojos, en las fiestas periódicas que se celebraban en familia, por la lectura, el canto y la plegaria. En la fiesta de los Tabernáculos, una cabaña de ramas de mirto y de olivo se elevaba en el patio o sobre la terraza de la casa, en recuerdo del tiempo inmemorial de los patriarcas nómadas. Se encendía el candelabro de siete luces, luego se abrían los rollos de papiros y se leían historias santas. Para el alma infantil, el Eterno estaba presente, no sólo en el cielo estrellado, sino también en aquel can-

delabro que reflejaba su gloria, en el verbo del
padre como en el amor silencioso de la madre. Así,
los grandes días de Israel mecieron la infancia
de Jesús, días de gozo y de duelo, de triunfo y de
destierro, de aflicciones sin cuento y de esperanza
eterna. A las preguntas ardientes, incisivas, del niño, el padre callaba. Pero la madre, levantando
tras sus largas pestañas sus grandes ojos de siria
soñadora y encontrando la mirada interrogadora
de su hijo, le decía: "La palabra de Dios sólo vive
en sus profetas. En su día, los sabios Esenios, los
solitarios del monte Carmelo y del Mar Muerto te
responderán."

Nos imaginamos también a Jesús mezclado con
sus compañeros, ejerciendo sobre ellos el singular
prestigio que da la inteligencia precoz, unida al
sentimiento de la justicia y a la simpatía activa.
Le seguimos en la sinagoga donde oía discutir a los
escribas y a los fariseos, donde debía ejercitar su
poderosa dialéctica. Le vemos desde muy temprana
edad disgustado por la sequedad de aquellos doctores de la ley, que atormentaban la letra hasta ex-
purgar de ella el espíritu. Se le ve también contemplar la vida pagana, adivinándola y abarcándola
con la mirada, visitando la opulenta Sephoris, capital de Galilea, residencia de Antipas, dominada por
su acrópolis y guardada por mercenarios de Herodes: galos, tracios, bárbaros de todos los países.
Quizás también, en uno de aquellos viajes tan frecuentes en las familias judías, llegó a una de las

ciudades fenicias, verdaderos hormigueros humanos
al borde del mar, y vio a lo lejos templos bajos de
columnas rechonchas, rodeados de bosquecillos negros de donde salía al son de las flautas plañideras
el canto de las sacerdotisas de Astarté. Su grito de
voluptuosidad, agudo como el dolor, despertó en
su corazón asombrado un amplio estremecimiento
de angustia y de piedad. Entonces el hijo de María
volvía a sus queridas montañas con un sentimiento
de libertad. Subía a la roca de Nazareth e interrogaba los vastos horizontes de Galilea y Samaria.
Miraba el Carmelo, Gelboé, el Tabor, los montes
Sichem, viejos testigos de los patriarcas y de los
profetas. "Los altos lugares", se desplegaban en
círculo; se elevaban en la inmensidad del cielo como altares atrevidos que esperasen el fuego y el
incienso. ¿Esperaban a alguien?

Mas por poderosas que fueran las impresiones del
mundo circundante sobre el alma de Jesús, palide-
cían todas ante la verdad soberana, inenarrable, de
su mundo interior. Aquella verdad florecía en el
fondo de él mismo como una flor luminosa emer-
giendo de un agua sombría. Aquel sentimiento se
parecía a una claridad creciente que se hacía en él,
cuando estaba solo y se recogía. Entonces los hombres y las cosas, próximas o lejanas, le aparecían
como transparentes en su esencia íntima. Leía los
pensamientos, veía las almas. Luego veía en su recuerdo, como a través de un velo ligero, seres divi-
namente bellos y radiantes inclinados sobre él o

reunidos en la adoración de una luz deslumbradora. Visiones maravillosas frecuentaban su sueño
o se interponían entre él y la realidad, por un real
desdoblamiento de su conciencia. En la cumbre de
aquellos éxtasis, que le llevaban de zona a zona
como hacia otros cielos, se sentía a veces atraído
por una luz fulgurante, luego inmergido en un
sol incandescente. De aquellos encantos conservaba
una ternura inefable, una fuerza singular. ¡Cuán
reconciliado se encontraba entonces con todos los
seres, en armonía con el universo! ¿Cuál era aquella luz misteriosa, pero más familiar y más viva
que la otra, que brotaba del fondo de su ser para
llevarle a los más lejanos espacios, cuyos primeros
efluvios surgieron de los grandes ojos de su madre,
y que ahora le unía a todas las almas por secretas
vibraciones? ¿No era la fuente de las almas y de
los mundos?

Él la llamó: El padre Celestial.[1]

---

[1] Los anales místicos de todos los tiempos demuestran que
verdades morales o espirituales de un orden superior han
sido percibidas por ciertas almas escogidas, sin razonamiento,
por la contemplación interna y bajo forma de visión. Fenómeno psíquico aun mal conocido por la ciencia moderna,
pero hecho incontestable. Catalina de Siena, hija de un
pobre tintorero, tuvo, desde la edad de cuatro años, visiones
extremadamente notables. (Véase **Su Vida**, por Mme. Albana
Mignaty, casa Fischbacher.) Swedenborg, hombre de ciencia,
espíritu sentado, observador y razonador, comenzó a la edad
de 40 años y en perfecta salud, a tener visiones que ninguna
relación tenían con su vida precedente (**Vida de Swedenborg**,

Ese sentimiento original de unidad con Dios en la luz del Amor, fue la primera, la gran revelación de Jesús. Una voz interna le decía que la encerrase en lo más profundo de su ser; pero que iba a iluminar toda su vida. Esa voz le dio una certidumbre invencible. Ella le hizo dulce e indomable. Ella forjó de su pensamiento un escudo de diamante; de su verbo, una espada de luz.

Esa vida rústica profundamente oculta se unía por lo demás en el adolescente, con una completa lucidez de las cosas de la vida real. Lucas nos lo representa a la edad de doce años, "creciendo en fuerza, en gracia y en sabiduría". La conciencia religiosa fue en Jesús cosa innata, absolutamente independiente del mundo externo. Su conciencia profética y mesiánica sólo pudo despertarse al choque con el exterior, al espectáculo de su tiempo, es decir, por una iniciación especial y una larga elaboración interna. Las huellas se encuentran en los Evangelios y en otros lados.

La primera gran conmoción fue originada por aquel viaje con sus padres a Jerusalén, de que habla Lucas. Aquella ciudad, orgullo de Israel, se había convertido en el centro de las aspiraciones judías. Sus desgracias no habían hecho más que

por Mater, casa Perrín). No pretendo poner esos fenómenos exactamente al mismo nivel que los que pasaron en la conciencia de Jesús, sino establecer sencillamente la universalidad de una percepción interna, independiente de los sentidos corporales.

exaltar los espíritus. Se hubiese dicho que cuantas más tumbas se amontonaban, más esperanzas había. Bajo los seleúcidas, bajo los macabeos, por Pompeyo y por Herodes, Jerusalén había sufrido sitios espantosos. La sangre había corrido a torrentes; las legiones romanas habían hecho del pueblo una carnicería por las calles; crucifixiones en masa habían manchado las colinas con escenas infernales. Después de tantos horrores, después de la humillación de la ocupación romana, después de haber diezmado al sanhedrín y reducido el pontífice a ser sólo un esclavo tembloroso, Herodes, como por ironía, había reconstruido el templo más magníficamente que Salomón. Jerusalén continuaba, empero, siendo la ciudad santa. Isaías, que Jesús leía con preferencia, ¿no la había llamado, "la prometida ante la cual se prosternarán los pueblos?" Él había dicho: "Se llamarán tus murallas ¡salvación!, tus puertas ¡alabanza! y las naciones marcharán al esplendor que se levantará sobre ti." [1] Ver Jerusalén y el templo de Jehovah, era el sueño de todos los judíos, sobre todo desde que Judea era provincia romana. Para verlos venían desde Perea, Galilea, Alejandría y Babilonia. En camino en el desierto, bajo las palmas, al lado de los pozos, cantaban salmos, suspiraban por el vestíbulo del Eterno buscando con los ojos la colina de Sión.

Un extraño sentimiento de opresión debió inva-

---

[1] Isaías, LX, 3 y 18.

dir el alma de Jesús cuando vio en su primera
peregrinación la ciudad con sus murallas formidables, asentada sobre la montaña como una fortaleza
sombría; cuando vio a sus puertas el anfiteatro
romano de Herodes; la torre Antonia dominando
al templo; legionarios, empuñando la lanza, que
vigilaban desde lo alto. Subió la escalinata del templo. Admiró el esplendor de los pórticos de mármol, donde los fariseos paseaban con suntuoso ro-
paje. Atravesó el patio de los gentiles, el patio de
la mujeres. Se aproximó con la muchedumbre israelita a la puerta de Nicanor y a la balaustrada de
tres codos, tras la cual se veían sacerdotes en trajes
del culto, violados o purpúreos, relucientes de oro
y pedrería, oficiar ante el santuario, inmolar ma-
chos cabríos y toros y rociar al pueblo con su
sangre pronunciando una bendición. Aquello no
se parecía al templo de sus ensueños, ni al cielo de
su corazón.

Luego volvió a descender a los barrios populares
de la baja ciudad. Vio a mendigos pálidos por el
hambre, caras angustiadas que guardaban el reflejo
de las últimas guerras civiles, de los suplicios, de las
crucifixiones. Saliendo por una de las puertas de
la muralla comenzó a errar por aquellos valles
pedregosos, por aquellos fosos lúgubres donde están las canteras, las piscinas, las tumbas de los
reyes, y que forman alrededor de Jerusalén como
una cintura sepulcral. Allí vio a los locos salir
de las cavernas y proferir blasfemias contra vivos

y muertos. Luego, bajando por amplia escalera a
la fuente de Siloé, profunda como una cisterna, vio
al borde de un agua amarillenta arrastrarse a leprosos, paralíticos, desgraciados cubiertos con toda
clase de úlceras. Un deseo irresistible le forzaba a
mirar al fondo de sus ojos y a beber todo su dolor. Unos le pedían socorro; otros estaban fríos y
sin esperanza; otros, idiotas, parecían no sufrir ya.
¿Cuánto tiempo había sido preciso para que lle-
gasen a aquel estado?

Entonces Jesús se dijo: ¿Para qué ese templo, esos
sacerdotes, esos himnos, esos sacrificios, puesto que
no pueden remediar estos dolores? Y de repente,
como un torrente engrosado con lágrimas sin fin,
sintió afluir a su corazón los dolores de aquellas
almas, de aquella ciudad, de aquel pueblo, de toda
la humanidad. Comprendió que había terminado
aquella felicidad que no podía comunicar a los demás. Aquellas miradas, aquellas miradas desesperadas no debían salir ya de su memoria. Sombría
desposada, la infelicidad humana marchaba a su
lado y le decía: ¡No te abandonaré!

De allí se fue lleno de tristeza y de angustia, y
mientras volvía a las cimas luminosas de Galilea,
este grito profundo salió de su corazón: ¡Padre
celestial!... ¡Quiero saber! ¡Quiero curar! ¡Quiero
salvar!

III

LOS ESENIOS – JUAN EL BAUTISTA
– LA TENTACIÓN

Lo que quería saber, sólo los esenios podían enseñárselo.

Los evangelios han guardado un silencio sobre los hechos y palabras de Jesús, antes de su encuentro con Juan el Bautista, por quien, según ellos, tomó en cierto modo posesión de su ministerio. Inmediatamente después aparece en Galilea con una doctrina determinada, con la seguridad de un profeta y la conciencia de ser el Mesías. Pero es evidente que ese principio atrevido y premeditado, fue precedido de un largo desarrollo y una verdadera iniciación. No es menos cierto que esa iniciación debió verificarse en la única asociación que conservaba entonces en Israel las tradiciones verdaderas, con el género de vida de los profetas. Esto no deja duda alguna para quienes, elevándose sobre la superstición de la letra y la manía maquinal del documento escrito, osan descubrir el encadenamiento de las cosas por medio de su espíritu. Se deduce no solamente de las relaciones íntimas entre la doctrina de Jesús y la de los esenios, sino también del silencio mismo guardado por el Cristo y los suyos sobre aquella secta. ¿Por qué él, que ataca con sin igual libertad a todos los partidos religiosos de su tiempo, no nombra nunca a los esenios? ¿Por qué los apóstoles y evangelistas tampoco hablan de ellos? Evidentemente porque consideran a los esenios como de los suyos, estaban ligados con ellos por el juramento de los Misterios, y la secta se fundió con la de los cristianos.

La orden de los esenios continúa en tiempo de Jesús el último resto de aquellas cofradías de profetas organizadas por Samuel. El despotismo de los tiranos de Palestina, la envidia de un sacerdocio ambicioso y servil, les había lanzado al retiro y al silencio. Ya no luchaban como sus predecesores, y se contentaban con conservar la tradición. Tenían dos centros principales: uno en Egipto, a orillas del lago de Maôris; el otro en Palestina, en Engaddi, a orillas del Mar Muerto. Aquel nombre de esenios que se habían dado, procedía de la palabra siriaca: Asaya, médicos; en griego, terapeutas; porque su único ministerio, para el público, era el de curar las enfermedades físicas y morales. "Estudiaban con gran cuidado, dice Josefo, ciertos escritos de medicina que trataban de las virtudes ocultas de las plantas y de los minerales." [1] Algunos poseían el

---

[1] Josefo, Guerra de los Judíos, II, etc. Antigüedades, XIII, 5-9; XVIII, 1-5.

don de profecía, como aquel Manahem, que había
predicho a Herodes su reinado. "Sirven a Dios,
dice Filón, con gran piedad, no ofreciéndole víctimas, sino santificando su espíritu. Huyen de las poblaciones y se dedican a las artes de la paz. No
existe entre ellos un solo esclavo; todos son libres
y trabajan unos para otros." [1] Las reglas de la orden
eran severas. Para entrar en ella se precisaba el
noviciado de un año. Si se habían dado suficientes
pruebas de templanza, se era admitido a las abluciones, sin entrar, no obstante, en relación con los
maestros de la orden. Se precisaban aún dos años
más de pruebas para ser recibido en la cofradía.
Se juraba, "por terribles juramentos", observar los
deberes de la orden y nada traicionar de sus secretos. Sólo entonces se podía tomar parte en las
comidas en común, que se celebraban con gran
solemnidad y constituían el culto íntimo de los esenios. Consideraban como sagrado el vestido que
habían llevado en aquellos banquetes y se lo qui-
taban antes de ponerse a trabajar. Aquellos ágapes
fraternales, forma primitiva de la Cena instituida
por Jesús, comenzaban y terminaban por la oración. Allí se daba la primera interpretación de los
libros sagrados de Moisés y de los profetas. Pero
en la explicación de los textos, como en la iniciación, había tres sentidos y tres grados. Muy pocos
llegaban al grado superior. Todo se parece asom-

---

[1] Filón, "De la vida contemplativa".

brosamente a la organización de los pitagóricos,[1]
y todo ésto existía con pequeñas variantes entre los
antiguos profetas, porque se encuentra lo mismo en
todas partes donde la iniciación ha existido. Agreguemos que los esenios profesaban el dogma esencial de la doctrina órfica y pitagórica, el de la
preexistencia del alma, consecuencia y razón de su
inmortalidad. "El alma, al cuerpo por un cierto
encanto natural (ιυγγιτιντ φνα¹χη), queda en él
como encerrada en una prisión; libre de los lazos
del cuerpo, como de una larga esclavitud, de él
se escapa con alegría" (Josefo, A. J. II, 8.).

Entre los esenios, los hermanos propiamente di-
chos vivían dentro de la comunidad de bienes en
el celibato, en lugares retirados, trabajando la tierra, educando a veces niños extraños a la orden.
En cuanto a los esenios casados, constituían una
especie de orden tercera, afiliada y sometida a la
otra. Silenciosos, dulces y graves, se les veía aquí
y allá cultivando las artes de la paz. Tejedores,

---

[1] **Puntos comunes entre los esenios y los pitagóricos**: La oración a la salida del sol; los vestidos de lino; los ágapes fraternales; el noviciado de un año; los tres grados de iniciación;
la organización de la orden y la comunidad de los bienes
regidos por curadores; la ley del silencio; el juramento de
los Misterios; la división de la enseñanza en tres partes:
1) Ciencia de los principios universales o teogonía, lo que
Filón llama **la lógica**; 2) **la física** o cosmogonía; 3) **la moral**,
es decir, todo lo que se refiere al hombre, ciencia a la cual
se consagraban especialmente los terapeutas.

carpinteros, viñadores o jardineros; jamás armeros ni comerciantes. Esparcidos en pequeños grupos en toda la Palestina, en Egipto y hasta en el monte Horeb, se daban entre sí la hospitalidad más cordial. Vemos así viajar a Jesús y a sus discípulos de pueblo en pueblo, de provincia en provincia, siempre seguros de encontrar un albergue: "Los esenios, dice Josefo, eran de ejemplar moralidad; se esforzaban en reprimir toda pasión y todo movimiento de cólera; siempre benévolos en sus relaciones, apacibles, de la mejor fe. Su palabra tenía más fuerza que un juramento; por eso consideraban al juramento en la vida ordinaria como cosa superflua y como un perjurio. Soportaban con admirable fuerza de alma y la sonrisa en los labios las más crueles torturas antes que violar el menor precepto religioso."

Indiferente a la pompa externa del culto de Jerusalén, repelido por la dureza saducea, el orgullo fariseo, el pedantismo y la sequedad de la sinagoga, Jesús se sintió atraído hacia los esenios por una afinidad natural.[1] La muerte prematura de José hizo por completo libre al hijo de María, hombre ya. Sus hermanos pudieron continuar el oficio del

---

[1] **Puntos comunes entre la doctrina de los esenios y la de Jesús:** El amor al prójimo ante todo, como el primer deber; la prohibición de jurar para atestiguar la verdad; el odio a la mentira; la humildad; la institución de la Cena tomada de los ágapes fraternales de los esenios, pero con un nuevo sentido, el del sacrificio.

padre y sostener la casa. Su madre le dejó partir en
secreto para Engaddi. Acogido como un hermano,
saludado como un elegido, debió adquirir sobre
sus mismos maestros, rápidamente, un invencible
ascendiente por sus facultades superiores, su ardiente caridad y ese algo de divino que difundía
todo su ser. Recibió de ellos lo que los esenios solos
podían darle: la tradición esotérica de los profetas,
y por ella su propia orientación histórica y religiosa. Comprendió el abismo que separaba la doctrina judía oficial de la antigua sabiduría de los
iniciados, verdadera madre de las religiones, pero
siempre perseguida por Satán, es decir, por el espíritu del Mal, espíritu de egoísmo, de odio y de
negación, unido al poder político absoluto y a la
importancia sacerdotal. Aprendió que el Génesis
encerraba, bajo el sello del simbolismo, una cosmogonía y una teogonía tan alejadas de su sentido
literal, como la ciencia más profunda de la fábula
más infantil. Contempló los días de Aelohim, o la
creación eterna por la emanación de los elementos
y la formación de los mundos; el origen de las
almas flotantes y su vuelta a Dios por las existencias progresivas o las generaciones de Adán. Quedó
asombrado de la grandeza del pensamiento de Moisés, que había querido preparar la unidad religiosa
de las naciones, creando el culto de Dios único y
encarnando esta idea en el pueblo.

Le comunicaron en seguida la doctrina del Verbo
divino, ya enseñada por Krishna en la India, por

los sacerdotes de Osiris en Egipto, por Orfeo y Pitágoras en Grecia, y conocida entre los profetas por
el nombre de **Misterio del Hijo del Hombre y del
Hijo de Dios**. Según esa doctrina, la más elevada
manifestación de Dios es el Hombre, que por su
constitución, su forma, sus órganos y su inteligencia es la imagen del ser universal y posee sus facultades. Pero, en la evolución terrestre de la humanidad, Dios está como esparcido, fraccionado y
mutilado, en la multiplicidad de los hombres y
de la imperfección humana. Él sufre, se busca, lucha en ella; es el Hijo del Hombre. El Hombre
perfecto, el Hombre-Tipo, que es el pensamiento
más profundo de Dios, vive oculto en el abismo
infinito de su deseo y de su poder. Sin embargo,
en ciertas épocas, cuando se trata de arrancar a la
humanidad del abismo, de recogerla para lanzarla
más alto, un Elegido se identifica con la divinidad,
la atrae a sí por la Sabiduría, la Fuerza y el
Amor y la manifiesta de nuevo a los hombres.
Entonces la divinidad, por la virtud y el soplo del
Espíritu, está compleamente presente en él; el **Hijo
del Hombre** se convierte en el **Hijo de Dios** y su
verbo viviente. En otras edades y en otros pueblos,
había habido ya hijos de Dios; pero desde Moisés,
ninguno había vuelto a florecer en Israel. Todos
los profetas esperaban aquel Mesías. Los Videntes
decían que ahora se llamaría el **Hijo de la Mujer**,
de la Isis celeste, de la luz divina que es la Esposa
de Dios, porque la luz del Amor brillaría en él

sobre todas las demás, con brillo fulgurante desconocido aún en la tierra.

Aquellas cosas ocultas que el patriarca de los Esenios revelaban al joven Galileo en las desiertas playas del Mar Muerto, en las soledades de Engaddi, le parecían a la par maravillosas y conocidas. Con singular emoción oyó al jefe de la orden mostrarle y comentarle estas palabras que se leen aún en el libro de Henoch: "Desde el principio, el Hijo del Hombre estaba en el misterio. El Altísimo le guardaba al lado de su poder y le **manifestaba a sus elegidos**... Pero los reyes se asustarán y prosternarán su semblante hasta tierra y el espanto les sobrecogerá, cuando vean al **hijo de la mujer** sentado sobre el trono de su gloria... Entonces el Elegido evocará todas las fuerzas del cielo, todos los santos de las alturas y el poder de Dios. Entonces los Querubines, los Serafines, los Ophanim, todos los ángeles de la **fuerza**, todos los ángeles del Señor, es decir, del Elegido y de la otra **fuerza**, que sirven sobre la tierra y por encima de las aguas, elevarán sus voces." [1]

A estas revelaciones, las palabras de los profetas,

---

[1] Libro de Henoch. Capítulos XLIII y LXI. Este pasaje demuestra que la doctrina del verbo y de la Trinidad, que se encuentra en el Evangelio de Juan, existía en Israel largo tiempo antes que Jesús y salía del fondo del profetismo esotérico. En el libro de Henoch, **el Señor de los espíritus** representa al Padre; el **Elegido** al Hijo y la **otra fuerza** al Espíritu Santo.

cien veces releídas y editadas, relampaguearon a los
ojos del Nazareno con resplandores nuevos, profundos y terribles, como relámpagos durante la noche. ¿Quién era aquel Elegido y cuándo llegaría
a Israel?

Jesús pasó una serie de años entre los esenios.
Se sometió a su disciplina, estudió con ellos los
secretos de la naturaleza y se ejercitó en la terapéutica oculta. Dominó por completo sus sentidos para
desarrollar su espíritu. No pasaba día sin que me-
ditase sobre los destinos de la humanidad y se interrogaba a sí mismo. Fue una memorable noche,
para la orden de los esenios y para su nuevo adepto, aquella en que éste recibió, en el más profundo
secreto, la iniciación superior del cuarto grado, la
que sólo se concedía en el caso de tratarse de una
misión profética deseada por el hermano y confirmada por los ancianos. Se reunían en una gruta
tallada en el interior de la montaña como una vasta
sala, con un altar y asientos de piedra. El jefe de
la orden estaba allí con algunos ancianos. A veces
dos o tres esenias, profetisas iniciadas, se admitían
igualmente a la misteriosa ceremonia. Con antorchas y palmas saludaban al nuevo iniciado, vestido
de lino blanco, como el "Esposo y Rey" que habían presentado ¡y que veían quizás por última vez!
En seguida el jefe de la orden, de ordinario un
anciano centenario (Josefo dice que los esenios vi-
vían mucho tiempo), le presentaba el **cáliz de oro**,
símbolo de la iniciación suprema, que contenía **el**

vino de la viña del Señor, símbolo de la inspiración
divina. Algunos decían que Moisés lo había be-
bido con los setenta. Otros lo hacían remontar
hasta Abraham, que recibió de Melchisedec esa
misma iniciación, bajo las especies del pan y del
vino.[1] Jamás presentaba el anciano la copa más
que a un hombre en quien había reconocido con
certeza los signos de una misión profética. Pero
esa misión nadie podía definirla; él debía encon-
trarla por sí mismo, porque tal es la ley de los
iniciados; nada del exterior, todo por lo interno.
En adelante, era libre, dueño de sus actos, hierofante por sí, entregado al viento del Espíritu, que
podía lanzarle al abismo o elevarle a las cimas,
por encima de la zona de las tormentas y de los
vértigos.

Cuando después de los cánticos, las oraciones, las
palabras sacramentales del anciano, el Nazareno
tomó la copa, un rayo de la lívida luz del alba
deslizándose por una anfractuosidad de la montaña, corrió estremeciéndose sobre las antorchas y
los amplios vestidos blancos de las jóvenes esenias,
quienes también temblaron cuando cayó sobre el
pálido Galileo, en cuyo hermoso rostro se veía una
gran tristeza. Su mirada perdida iba hacia los enfermos de Siloé, y en el fondo de aquel dolor,
siempre presente, entreveía ya su camino.

En aquel tiempo Juan Bautista predicaba en las

---

[1] Génesis, XIV, 18.

márgenes del Jordán. No era un esenio, sino un
profeta popular de la fuerte raza de Judá. Llevado
al desierto por una piedad austera, había pasado
en él la más dura vida en la oración, los ayunos,
las maceraciones. Sobre su piel desnuda, curtida
por el sol, llevaba a guisa de cilicio un vestido
tejido con pelo de camello, como signo de la peni-
tencia que quería imponerse a sí mismo y a su
pueblo. Porque sentía profundamente las angus-
tias de Israel y esperaba su liberación. Se figuraba,
según la idea judaica, que el Mesías vendría pronto
como vengador y justiciero que, cual nuevo Macabeo, sublevaría al pueblo, arrojaría al Romano,
castigaría a todos los culpables, entraría triunfal-
mente en Jerusalén, y restablecería el reino de
Israel sobre todos los pueblos, en la paz y la justicia. Anunciaba a las multitudes la próxima llegada de aquel Mesías; agregaba que era preciso
prepararse por el arrepentimiento de las faltas pa-
sadas. Tomando de los esenios la costumbre de las
abluciones, transformándola a su modo, había ima-
ginado el bautismo del Jordán como un símbolo
visible, como un público cumplimiento de la purificación interna que exigía. Esa ceremonia nueva,
esa predicación vehemente ante inmensas multitudes, en el cuadro del desierto, frente a las aguas
sagradas del Jordán, entre las montañas severas de
Judea y de Perea, sobrecogía los ánimos, atraía a
las multitudes. Recordaba los días gloriosos de los
viejos profetas; ella daba al pueblo lo que no

encontraba en el templo: la interior sacudida y,
después de los terrores del arrepentimiento, una esperanza vaga y prodigiosa. Acudían de todos los
puntos de Palestina, y aun de más lejos, para escuchar al santo del desierto que anunciaba al Mesías.
Las poblaciones, atraídas por su voz, acampaban a
su lado durante varios días para oírle, no querían
marcharse, esperando que el Mesías llegase. Muchos no pedían otra cosa que empuñar las armas
bajo su mando para comenzar la guerra santa.
Herodes Antipas y los sacerdotes de Jerusalén comenzaban a inquietarse ante aquel movimiento
popular. Por otra parte, los signos de la época eran
graves. Tiberio, a la edad de setenta y cuatro años,
acababa su vejez en medio de las bacanales de Ca-
prea; Poncio Pilatos redoblaba en violencia contra
los judíos; en Egipto, los sacerdotes habían anunciado que el fénix iba a renacer de sus cenizas.[1]

Jesús, que sentía crecer interiormente su vocación
profética, pero que buscaba aún su camino, vino
también al desierto del Jordán, con algunos hermanos esenios que le seguían ya como a un maestro.
Quiso ver al Bautista, oírle y someterse al bautismo
público. Deseaba entrar en escena por un acto de
humildad y de respeto hacia el profeta que osaba
elevar su voz contra los poderes del día y despertar de su sueño el alma de Israel.

Vio al rudo asceta, velludo y con largo cabello,

---

[1] Tácito, **Anales**, VI, 28, 31.

con su cabeza de león visionario sobre un púlpito de madera, bajo un rústico tabernáculo, cubierto de ramas y de pieles de cabra. A su alrededor, entre los pequeños arbustos del desierto, una multitud inmensa, todo un campamento: funcionarios, soldados de Herodes, samaritanos, levitas de Jerusalén, idumeos con sus rebaños, árabes detenidos allí con sus camellos, sus tiendas y sus caravanas por "la voz que retumba en el desierto". Aquella voz tonante pasaba sobre las muchedumbres, y decía: "Enmendaos, preparad las vías del Señor, arreglad sus senderos." Llamaba a los fariseos y a los saduceos "raza de víboras". Agregaba que "el hacha estaba ya próxima a la raíz de los árboles", y decía del Mesías: "Yo sólo con agua os bautizo, pero él os bautizará con fuego." Hacia la puesta del Sol, ceos "raza de víboras". Agregaba que "el hacha un remanso, a orillas del Jordán, y a mercenarios de Herodes, a bandidos, inclinar sus rudos espinazos bajo el agua que vertía el Bautista. Se aproximó él. Juan no conocía a Jesús, nada sabía de él, pero reconoció a un esenio por su vestidura de lino. Le vio, perdido entre la multitud, bajar al agua hasta que le llegó por la cintura e inclinarse humildemente para recibir la aspersión. Cuando el neófito se levantó, la mirada temible del predicador y la del Galileo se encontraron. El hombre del desierto se estremeció bajo aquel rayo de maravillosa dulzura, e involuntariamente dejó escapar es-

tas palabras: "¿Eres el Mesías?" [1] El misterioso esenio nada respondió, pero inclinando su cabeza
pensativa y cruzando sus manos sobre su pecho,
pidió al Bautista su bendición. Juan sabía que el
silencio era la ley de los esenios novicios. Extendió
solemnemente sus dos manos; luego, el Nazareno
desapareció con sus compañeros entre los cañaverales del río.

El Bautista le vio marchar con una mezcla de
duda, de secreta alegría y de profunda melancolía.
¿Qué era su ciencia y su esperanza profética ante
la luz que había visto en los ojos del Desconocido,
luz que parecía iluminar a todo su ser? ¡Ah! ¡Si el
joven y hermoso Galileo era el Mesías, había visto
realizado el ensueño de su vida! Pero su papel había terminado, su voz iba a callarse. A partir de
aquel día, se puso a predicar con voz más profunda
y emocionada sobre este tema melancólico. "Es preciso que él crezca y yo disminuya"... Comenzaba
a sentir el cansancio y la tristeza de los leones vie-

---

[1] Sabemos que, según los Evangelios, Juan reconoció en
seguida a Jesús como Mesías y le bautizó como tal. Sobre
este punto su narración es contradictoria. Porque más tarde,
Juan, prisionero de Antipas en Makerus, hace preguntar a
Jesús: —¿Eres tú el que debe venir, o debemos esperar a otro?
(Mateo, XI, 3). Esa duda tardía prueba que, si bien había
sospechado que Jesús era el Mesías, no estaba completamente
convencido. Pero los primeros redactores de los Evangelios
eran judíos y deseaban presentar a Jesús como iniciado y
consagrado por Juan Bautista, profeta judaico popular.

jos, que están fatigados de rugir y se acuestan en
silencio para esperar la muerte...

¿Eres el Mesías? La pregunta del Bautista repercutía también en el alma de Jesús. Desde el florecimiento de su conciencia, había encontrado a Dios
en sí mismo y la certidumbre del reino de los cielos
en la belleza radiante de sus visiones. Luego, el
sufrimiento humano había lanzado a su corazón el
grito terrible de la angustia. Los sabios esenios le
habían enseñado el secreto de las religiones, la ciencia de los misterios; le habían mostrado la decadencia espiritual de la humanidad, su espera en un
salvador. ¿Pero cómo encontrar la fuerza para
arrancarla del abismo? He aquí, que la llamada
directa de Juan el Bautista, caía en el silencio de
su meditación como el rayo del Sinaí. ¿Eres el
Mesías?

Jesús sólo podía responder a esta pregunta re-
cogiéndose en lo más profundo de su ser. De ahí
su retiro, aquel ayuno de cuarenta días, que Mateo
resume bajo la forma de una leyenda simbólica.
La Tentación representa en realidad en la vida de
Jesús aquella gran crisis y aquella visión soberana
de la verdad, por la cual deben pasar infalible-
mente todos los profetas, todos los iniciadores religiosos, antes de comenzar su obra.

Sobre Engaddi, donde los esenios cultivaban el
sésamo y la viña, un sendero escarpado conducía a
una gruta que se abría en el muro de la montaña.
Se entraba en ella por medio de dos columnas dó-

ricas talladas en la roca bruta, parecidas a las del
lugar de Retiro de los Apóstoles, en el valle de
Josaphat. Allí quedaba uno sobre el abismo a pico,
como en un nido de águila. En el fondo de una
cañada se veían viñedos, habitaciones humanas;
más lejos, el Mar Muerto, inmóvil y gris, y las montañas desoladas de Moab. Los esenios habían construido este lugar de retiro para aquellos de los
suyos que querían someterse a la prueba de la soledad. Se encontraban allí varios papiros de los profetas, aromas fortificantes, higos secos y un chorro
de agua, único alimento del asceta en meditación.
Jesús se retiró allí.

Al pronto volvió a ver en su espíritu todo el
pasado de la humanidad. Pesó la gravedad de la
hora presente. Roma vencía; con ella, lo que los
magos persas habían llamado el reino de Ahrimán
y los profetas el reino de Satán, el signo de la
Bestia, la apoteosis del Mal. Las tinieblas invadían
la Humanidad, esta Alma de la tierra. El pueblo
de Israel había recibido de Moisés la misión real
y sacerdotal de representar a la viril religión del
Padre, del Espíritu puro, de enseñarla a las otras
naciones y hacerla triunfar. ¿Habían cumplido esta
misión sus reyes y sacerdotes? Los profetas, que sólo
habían tenido conciencia de ello, respondían con
unánime voz: ¡No! Israel agonizaba bajo la pre-
sión de Roma. ¿Era preciso arriesgar, por centésima
vez, una sublevación como la soñaban aún los fariseos, una restauración de la majestad temporal de

Israel por la fuerza? ¿Era preciso declararse hijo de
David y exclamar con Isaías: "Pisotearé a los pueblos en mi cólera, y les embriagaré en mi indignación, y derribaré a tierra su fuerza?" ¿Se necesitaba
ser un nuevo Macabeo y hacerse nombrar pontífice-rey? Jesús podía tenerlo. Había visto a las multitudes prestas a sublevarse a la voz de Juan el Bautista, y la fuerza que en sí mismo sentía era más
grande aún. ¿Pero podría la violencia terminar con
la violencia? ¿Podría dar fin la espada al reino de
la espada? ¿No sería esto reclutar nuevas almas
para los poderes de las tinieblas, que acechaban su
presa en las sombras?

¿No sería mejor hacer accesible a todos la verdad, que era hasta entonces el privilegio de algunos
santuarios y de raros iniciados, abrirle los corazones
en espera de que ella penetrase en las inteligencias
por la revelación interna y por la ciencia; es decir,
predicar el reino de los cielos a los sencillos, substituir el reino de la Gracia al de la Ley, transfor-
mar la humanidad por el fondo y por la base,
regenerando las almas?

¿Pero de quién sería la victoria? ¿De Satán o de
Dios? ¿Del espíritu del mal, que reina con los poderes formidables de la tierra, o del espíritu divino,
que reina en las invisibles legiones celestes y duerme en el corazón del hombre como la chispa en el
pedernal? ¿Cuál sería la suerte del profeta que
osase desgarrar el velo del templo para mostrar el

vacío del santuario, desafiar a la vez a Herodes y a César?

¡Sin embargo, era preciso! La voz interna no le decía ya como a Isaías: "Toma un gran libro y escribe sobre él con una pluma humana." La voz del Eterno le gritaba: "¡Levántate y habla!" Se trataba de encontrar el verbo viviente, la fe que transporta las montañas, la fuerza que derrumba las fortalezas.

Jesús comenzó a orar con fervor. Entonces, una inquietud, una turbación creciente se apoderaron de él. Tuvo el sentimiento de haber perdido la felicidad maravillosa de que había participado y de hundirse en un abismo tenebroso. Una nube negra le envolvía. Aquella nube estaba llena de sombras de todas clases. Entre ellas distinguía los semblantes de sus hermanos, de sus maestros esenios, de su madre. Las sombras le decían, una tras otra: "¡Insensato que quieres lo imposible! ¡No sabes lo que te espera! ¡Renuncia!" La invencible voz interna respondía: "¡Es preciso!" Luchó así durante una serie de días y noches, tan pronto en pie o de rodillas como prosternado. Y el abismo descendía, se hacía más y más profundo y más espesa la nube que le rodeaba. Tenía la sensación de que se aproximaba a algo terrible e innombrable.

Por fin, entró en ese estado de éxtasis lúcido que le era propio, en el cual la parte más profunda de la conciencia se despierta, entra en comunicación con el Espíritu viviente de las cosas, y proyecta so-

bre la tela diáfana del sueño las imágenes del pasado y del porvenir. El mundo exterior desaparece;
los ojos se cierran. El Vidente contempla la Verdad bajo la luz que inunda su ser y hace de su
inteligencia un foco incandescente.

El trueno retumbó; la montaña tembló hasta su
base. Un torbellino de viento, venido del fondo de
los espacios, llevó al Vidente hasta la cúspide del
templo de Jerusalén. Techados y minaretes relu-
cían en los aires como un bosque de oro y plata.
Se oían himnos en el Santo de los Santos. Espirales
de incienso subían de todos los altares y giraban
en torbellino a los pies de Jesús. El pueblo, con trajes de fiesta, llenaba los pórticos; mujeres sober-
bias cantaban para él himnos de amor ardiente.
Las trompetas sonaban y cien mil voces gritaban:
¡Gloria al Mesías! ¡Gloria al rey de Israel! Tú
serás ese rey si quieres adorarme, dijo una voz
desde abajo. ¿Quién eres?, dijo Jesús.

De nuevo el viento le llevó a través de los espacios, a la cumbre de una montaña. A sus pies, los
reinos de la tierra se escalonaban en un resplandor
dorado. Soy el rey de los espíritus y el príncipe de
la tierra, —dijo la voz del abismo—. Sé quien eres,
dijo Jesús; tus formas son innumerables; tu nombre es Satán. Aparece bajo tu forma terrestre. La
figura de un monarca coronado apareció sobre una
nube. Una aureola lívida ceñía su cabeza imperial.
La figura sombría se destacaba sobre un nimbo
sangriento, su cara estaba pálida y su mirada bri-

llaba como el reflejo de un hacha. Dijo: Soy César.
Inclínate nada más y te daré todos esos reinos.
Jesús le dijo: ¡Atrás, tentador! Escrito está: "No
adorarás más que al Eterno, tu Dios." En seguida,
la visión se desvaneció.

Encontrándose solo en la caverna de Engaddi,
Jesús dijo: ¿Por qué signo venceré a los poderes de
la tierra? Por el signo del Hijo del Hombre, dijo
una voz de lo alto. Muéstrame ese signo, dijo Jesús.

Una constelación brillante apareció en el horizonte, con cuatro estrellas en forma de cruz. El Galileo reconoció el signo de las antiguas iniciaciones,
familiar en Egipto y conservado por los esenios.
En la juventud del mundo, los hijos de Japhet lo
habían adorado como signo del fuego celeste y terrestre, el signo de la Vida con todos sus goces, del
Amor con todas sus maravillas. Más tarde, los iniciados egipcios habían visto en él, símbolo del gran
misterio, la Trinidad dominada por la Unidad, la
imagen del sacrificio del Ser inefable que se despe-
daza a sí mismo para manifestarse en los mundos.
Símbolo a la vez de la vida, de la muerte y de la
resurrección, cubría hipogeos, tumbas, templos innumerables. La cruz espléndida crecía y se acercaba, como atraída por el corazón del Vidente. Las
cuatro estrellas vivas se iluminaban como soles de
poderío y de Gloria. "He aquí el signo mágico de
la Vida y de la Inmortalidad, dijo la voz celeste.
Los hombres lo han poseído en otro tiempo y lo

han perdido. ¿Quieres devolvérselo? Quiero, dijo
Jesús. ¡Entonces, mira!, he aquí tu destino."

Bruscamente las cuatro estrellas se extinguieron
y volvió la oscuridad. Un trueno subterráneo estremeció las montañas, y, desde el fondo del Mar
Muerto salió un monte sombrío terminado por una
cruz negra. Un hombre estaba clavado en ella y
agonizaba. Un pueblo demoniaco cubría la montaña y aullaba con ironía infernal: "¡Si eres el Mesías, sálvate a ti mismo!" El Vidente abrió desme-
suradamente los ojos, luego cayó hacia atrás, cubierto de sudor frío; pues aquel hombre crucificado, era él mismo... Había comprendido. Para
vencer, era preciso identificarse con aquel doble
terrible, evocado por él mismo y colocado ante sí
como una siniestra interrogación. Suspendido en
su incertidumbre, como en el vacío de los espacios
infinitos. Jesús sentía a la vez las torturas del crucificado, los insultos de los hombres y el silencio
profundo del cielo. Puedes tomarla o dejarla, dijo
la voz angélica. Ya la visión se esfumaba y la cruz-
fantasma comenzaba a palidecer con su ejecutado,
cuando de repente Jesús volvió a ver a su lado a
los enfermos del pozo de Siloé, y tras ellos todo
un pueblo de almas desesperadas que murmura-
ban, con las manos juntas: "Sin ti, estamos perdidas. ¡Sálvanos, tú que sabes amar!" Entonces el
Galileo se levantó lentamente, y, abriendo sus amorosos brazos, exclamó: "¡Sea conmigo la cruz, y que
el mundo se salve!" En seguida Jesús sintió como

si se desgarrasen todos sus miembros y lanzó un grito terrible... Al mismo tiempo, el monte negro desapareció, la cruz se sumergió; una luz suave, una felicidad divina inundaron al Vidente, y en las alturas de lo azul, una voz triunfante atravesó la inmensidad, diciendo: "¡Satán ya no reina! ¡La Muerte quedó dominada! ¡Gloria al Hijo del Hombre! ¡Gloria al Hijo de Dios!"

Cuando Jesús despertó de esta visión, nada había cambiado a su alrededor; el sol naciente doraba las paredes de la gruta de Engaddi; un rocío tibio como lágrimas de amor angélico mojaba sus pies doloridos, y brumas flotantes se elevaban del Mar Muerto. Pero él no era ya el mismo. Un acontecimiento definitivo se había desarrollado en el abismo insondable de su conciencia. Había resuelto el enigma de su vida, había conquistado la paz, y una gran certidumbre se había apoderado de él. Del desplazamiento de su ser terrestre, que había pisoteado y lanzado al abismo, una nueva conciencia había surgido radiante: Sabía que se había convertido en el Mesías por un acto irrevocable de su voluntad.

Poco después, bajó al pueblo de los esenios. Supo allí que Juan el Bautista había sido aprehendido por Antipas y encarcelado en la fortaleza de Makerus. Lejos de asustarse por ese presagio, vio en él un signo de que los tiempos estaban maduros y que era preciso trabajar a su vez. Anunció, pues, a los esenios que iba a predicar por Galilea "el Evangelio del reino de los cielos". Esto quería decir: poner los grandes Misterios al alcance de las gentes sencillas, traducirles las doctrinas de los iniciados. Parecida audacia no se había visto desde los tiempos en que Sakhia Muni, el último Buddha, movido por una inmensa piedad, había predicado en las orillas del Ganges. La misma compasión sublime por la humanidad animaba a Jesús. A ella unía una luz interna, un poder de amor, una magnitud de fe y una energía de acción que sólo a él pertenecen. Del fondo de la muerte que había sondeado y gustado de antemano, traía a sus hermanos la esperanza y la vida.

IV

LA VIDA PÚBLICA DE JESÚS — ENSEÑANZA POPULAR Y ENSEÑANZA ESOTÉRICA — LOS MILAGROS — LOS APÓSTOLES — LAS MUJERES

Hasta ahora he tratado de iluminar con su luz propia esa parte de la vida de Jesús que los Evangelios han dejado en la sombra o envuelto en el velo de la leyenda. He dicho por medio de qué iniciación, por qué desarrollo de alma y de pensamiento, el gran Nazareno llegó a la conciencia mesiánica. En una palabra, he tratado de reconstituir el génesis interno del Cristo. Una vez conocido ese génesis, el resto de mi labor será más sencillo. La vida pública de Jesús ha sido contada en los Evangelios. En esas narraciones hay divergencias, contradicciones, soldaduras. La leyenda, recubriendo o exagerando ciertos misterios, reaparece acá y allá; pero del conjunto se desprende tal unidad de pensamiento y de acción, un carácter tan poderoso y tan original, que invenciblemente nos sentimos en presencia de la realidad, de la vida. No se pueden reformar esas inimitables narraciones, que, en su infantil sencillez o en su belleza simbólica, dicen más que todas las amplificaciones. Pero lo que importa hacer hoy, es poner en claro el papel de Jesús por medio de las tradiciones y las verdades esotéricas, es mostrar el sentido y el alcance trascendental de su doble enseñanza.

¿De qué grande noticia era portador el esenio ya célebre, que volvía de las orillas del Mar Muerto a su patria galilea, para predicar en ella el Evangelio del Reino? ¿Por qué medio iba a cambiar la faz del mundo? El pensamiento de los profetas acaba de manifestarse en él. Fuerte en el don entero de su ser, venía a compartir con los hombres aquel reino del cielo que había conquistado en sus meditaciones y sus luchas, en sus dolores infinitos y su goces ilimitados. Venía a desgarrar el velo que la antigua religión de Moisés había lanzado sobre el más allá. Venía a decir: "Creed, amad, obrad, y que la esperanza sea el alma de vuestras acciones. Hay más allá de esta tierra un mundo de las almas, una vida más perfecta. Lo sé, de ella vengo y a ella os conduciré. Pero no basta aspirar. Para llegar es preciso comenzar por realizarla aquí abajo, en vosotros mismos por el pronto, después en la humanidad: ¿Por qué medio? Por el Amor, por la Caridad activa."

Se vio, pues, llegar a Galilea al joven profeta. No decía que era el Mesías, pero discutía sobre la ley y los profetas en las sinagogas. Predicaba a orillas del lago de Genezareth, en las barcas de los pescadores, al lado de las fuentes, en los oasis verdes que abundaban entonces entre Capharnaum, Betsaida y Korazim. Curaba a los enfermos por la imposición de las manos, por una mirada, por una orden, con frecuencia por su sola presencia. Le seguían multitudes; numerosos discípulos le rodeaban. Él los reclutaba entre la gente del pueblo, los pescadores, los peajeros. Porque quería naturalezas rectas y vírgenes, ardientes y creyentes, y de ellas se apoderaba de irresistible modo. En su elección era conducido por ese don de segunda vista, que, en todos los tiempos, ha sido propio de los hombres de acción, pero sobre todo de los iniciadores religiosos. Una mirada le bastaba para sondear un alma. No necesitaba otra prueba y cuando decía: ¡Sígueme! le seguían. Con un ademán llamaba así a los tímidos, a los vacilantes, y les decía: "Venid a mí, vosotros que estáis cargados, os aliviaré. Mi yugo es ligero y mi carga liviana." [1] Adivinaba los más secretos pensamientos de los hombres que, turbados, confundidos, reconocían al maestro. A veces, en la incredulidad saludaba a los sinceros. Habiendo dicho Nathaniel: "¿Qué puede venir de bueno de Nazareth?", Jesús replicó: "He aquí un verdadero israelita en el que no hay artificio." [2] De sus adeptos no exigía ni juramento, ni profesión de fe, sino únicamente que le quisieran, que creyesen en

---

[1] Mateo, XI, 28.
[2] Juan, I, 46.

él. Puso en práctica la comunidad de bienes, no como una regla absoluta, sino como un principio de fraternidad entre los suyos.

Jesús comenzaba así 'a realizar en su pequeño grupo el reino del cielo que quería fundar sobre la tierra. El sermón de la montaña nos ofrece una imagen de ese reino ya formado en germen, con un resumen de la enseñanza popular de Jesús. En la cima de la colina está sentado el maestro; los futuros iniciados se agrupan a sus pies; más abajo, el pueblo agolpado acoge ávidamente las palabras que caen de su boca. ¿Qué anuncia el nuevo doctor? ¿El ayuno? ¿La maceración? ¿Las penitencias públicas? No; he aquí lo que dice: "Dichosos los pobres de espíritu, porque el reino de los cielos les pertenece; felices los que lloran, porque ellos serán consolados." Desarrolla en seguida, en un orden ascendente, las cuatro virtudes dolorosas; el poder maravilloso de la humildad, de la tristeza por la desgracia ajena, de la bondad íntima del corazón, del hambre y sed de justicia. Luego vienen, radiantes, las virtudes activas y triunfantes: la misericordia, la pureza del corazón, la bondad militante; en fin, el martirio por la justicia. "¡Dichosos los de corazón puro; porque ellos verán a Dios!" Como el sonido de una campana de oro, este verbo entreabre a los ojos de los auditorios el cielo que brilla estrellado sobre la palabra del maestro. Ven en él las humildes virtudes, no ya como mujeres pobres esqueléticas, con vestidos grises de penitentes, sino transformadas en beatitudes, en vírgenes de luz, esfuminando con su resplandor el brillo de las flores de lis y el poder de Salomón. En el aura de su gloria, ellas difunden en los corazones sedientos los perfumes del reino celeste.

Lo maravilloso es que ese reino no florece en las lejanías del cielo, sino en lo interno de los asistentes. Cambian entre sí miradas de asombro; ¡ellos, pobres en espíritu, se han vuelto de repente tan ricos! Más poderoso que Moisés, el mago del alma ha herido su corazón; una fuente inmortal brota de éste. Su enseñanza popular está contenida en esta palabra: "¡el reino del cielo está dentro de vosotros!" Además les expone los medios necesarios para alcanzar esa dicha inaudita y no se admiran ya de las cosas extraordinarias que les pide; matar hasta el deseo del mal, perdonar las ofensas, amar a sus enemigos. Tan pujante es el río de amor que de su corazón desborda, que les arrastra. En su presencia, todo les parece fácil. Inmensa novedad, singular osadía de esta enseñanza: el profeta galileo coloca la vida interior del alma sobre todas las prácticas exteriores, lo invisible sobre lo visible, el reino de los cielos sobre los bienes de la tierra. Ordena que se escoja entre Dios y Mammon. Resumiendo en fin su doctrina, dice: "Amad a vuestro prójimo como a vosotros mismos y sed perfectos como lo es vuestro Padre celeste." Dejaba entrever así bajo una forma popular, toda la profundidad de la moral y de la ciencia. Porque el supremo

mandamiento de la iniciación es el reproducir la
perfección divina en la perfección del alma, y el
secreto de la ciencia reside en la cadena de las
semejanzas y de las correspondencias, que une en
los círculos crecientes lo particular a lo universal,
lo finito a lo infinito.

Si tal fuese la enseñanza pública y puramente
moral de Jesús, es evidente que dio, simultáneamente con ella, una enseñanza íntima a sus discípulos, enseñanza paralela, explicativa de la primera, que mostraba su lado oculto y penetraba hasta
el fondo de las verdades espirituales, que él poseía
de la tradición esotérica de los esenios y de su propia experiencia. Habiendo sido violentamente aho-
gada por la Iglesia esa tradición, a partir del siglo
II, la mayor parte de los teólogos no conocen ya el
verdadero alcance de las palabras del Cristo con su
sentido, a veces doble y triple, y sólo ven el sentido
primario o literal. Para quienes han profundizado
la doctrina de los Misterios en la India, en Egipto
y en Grecia, el pensamiento esotérico del Cristo
anima no solamente sus menores palabras, sino también todos los actos de su vida. Visible ya en los tres
sinópticos, aparece por completo en el Evangelio
de Juan. He aquí un ejemplo que toca a un punto
esencial de la doctrina:

Jesús está de paso en Jerusalén. No predica aún
en el templo, pero cura a los enfermos y enseña en
casa de los amigos. La obra del amor debe preparar
el terreno en que ha de caer la buena simiente.

Nicodemus, fariseo instruído, había oído hablar del nuevo profeta. Lleno de curiosidad, pero no queriendo comprometerse entre los suyos, pide una entrevista secreta al Galileo. Jesús se la concede. Nicodemus llega por la noche a su morada y le dice: "Maestro, sabemos que eres un doctor venido de la parte de Dios; pues nadie podría hacer los milagros que tú haces si Dios no estuviera contigo." Jesús le responde: "En verdad, en verdad te digo que, si un hombre **no nace de nuevo**, no puede ver el reino de Dios." Nicodemus pregunta si es posible que un hombre vuelva al seno de su madre y nazca una segunda vez. Jesús responde: "En verdad te digo que si un hombre **no nace de agua y de espíritu**, no puede entrar en el reino de Dios." [1]

Jesús resume bajo esta forma, evidentemente simbólica, la antigua doctrina de la regeneración, ya conocida en los Misterios del Egipto. Renacer por el agua y por el espíritu, ser bautizado con agua y con fuego, marca dos grados de la iniciación, dos etapas del desarrollo interno y espiritual del hombre. El agua representa aquí la verdad percibida intelectualmente, es decir, de una manera abstracta y general. Ella purifica el alma y desenvuelve su germen espiritual.

El renacimiento por el espíritu o el bautismo por el fuego (celeste), significa la asimilación de esa verdad por la voluntad, de tal modo que se con-

_____
[1] Juan, III, 15.

vierte en la sangre y la vida, el alma de todas las acciones. Resulta de ello la completa victoria del espíritu sobre la materia, el dominio absoluto del alma espiritualizada sobre el cuerpo transformado en instrumento dócil, dominio que despierta sus dormidas facultades, abre su sentido interno, le da la visión intuitiva de la verdad y la acción directa del alma sobre el alma. Este estado equivale al estado celeste, llamado reino de Dios por Jesucristo. El bautismo por el agua o iniciación intelectual, es, pues, un comienzo de renacimiento; el bautismo por el espíritu es un renacimiento total, una transformación del alma por el fuego de la inteligencia y de la voluntad, y por consiguiente en cierta medida de los elementos del cuerpo, en una palabra, una regeneración radical. De ahí los poderes excepcionales que da al hombre.

He aquí el sentido terrestre de la conversación eminentemente teosófica entre Nicodemus y Jesús. Hay un segundo sentido, que se podría llamar en dos palabras la doctrina esotérica, sobre la constitución del hombre. Según esa doctrina, el hombre es triple: cuerpo, alma, espíritu. Hay una parte inmortal e indivisible: el espíritu; una parte perecedera y divisible: el cuerpo. El alma que las une participa de ambas naturalezas. Organismo vivo, posee un cuerpo etéreo y flúido, semejante al cuerpo material, que, sin ese doble invisible no tendría vida, movimiento ni unidad. Según que el hombre obedece a las sugestiones del espíritu o a las incitaciones del cuerpo, según que se liga con preferencia a uno u otro, el cuerpo flúido se eteriza o se espesa, se unifica o se disgrega. Ocurre, pues, que después de la muerte física, la mayor parte de los hombres tienen que sufrir una segunda muerte del alma, que consiste en desembarazarse de los elementos impuros de su cuerpo astral, a veces en sufrir su lenta descomposición; mientras que el hombre completamente regenerado, habiendo formado desde la tierra su cuerpo espiritual, posee su cielo en sí mismo y se lanza a la religión a que por afinidad es atraído. El agua, en el esoterismo arcaico, simboliza la materia flúidica infinitamente transformable, como el fuego simboliza el espíritu uno. Hablando del renacimiento por el agua y por el espíritu, Cristo hace alusión a esa doble transformación de su ser espiritual y de su envoltura flúidica, que espera al hombre después de su muerte y sin la cual no puede entrar en el reino de las almas gloriosas y de los puros espíritus.

Porque, "lo que ha nacido de la carne es carne (es decir, está encadenado y es perecedero), y lo que ha nacido del espíritu es espíritu (es decir, libre e inmortal). El viento sopla en todas partes y oyes su ruido. Pero no sabes de dónde viene ni a dónde va. Lo mismo pasa con todo hombre que ha nacido del espíritu." [1]

Así habla Jesús ante Nicodemus, en el silencio

---

[1] Juan, III, 6-8.

de las noches de Jerusalén. Una pequeña lámpara
colocada entre los dos ilumina apenas las vagas
figuras de los interlocutores y la columnata de la
sala. Pero los ojos del Maestro galileo brillan misteriosamente en la oscuridad. ¿Cómo no creer en el
alma viendo esos ojos, tan pronto dulces como llameantes? El docto fariseo ha visto hundirse su ciencia de los textos, pero entrevé un mundo nuevo.
Ha visto el rayo en los ojos del profeta, cuyos lar-
gos cabellos rubios caen sobre sus hombros. Ha sentido el calor poderoso que emana de su ser, atraerle
hacia sí. Ha visto aparecer y desaparecer, como una
aureola magnética, tres pequeñas llamas blancas
alrededor de sus sienes y de su frente. Entonces ha
creído sentir el viento del Espíritu que pasa sobre
su corazón. Emocionado, silencioso, Nicodemus
vuelve furtivamente a su casa, en el profundo silencio de la noche. Continuará viviendo entre los fariseos, pero en el secreto de su corazón será fiel a
Jesús.

Notemos además un punto capital en su enseñanza. En la doctrina materialista, el alma es una
resultante efímera y accidental de las fuerzas del
cuerpo; en la doctrina espiritualista ordinaria es
una cosa abstracta, sin lazo concebible con él; en la
doctrina esotérica —única racional—, el cuerpo físico es un producto del trabajo incesante del alma,
que obra sobre él por el organismo similar del cuerpo astral, así como el universo visible no es más que
un dinamismo del infinito espíritu. He aquí por

qué Jesús da esa doctrina a Nicodemus como explicación de los milagros que él opera. Ella puede servir de clave, en efecto, a la terapéutica oculta practicada por él y por pequeño número de adeptos y
de santos, antes como después del Cristo. La medicina ordinaria combate los males del cuerpo obrando sobre el cuerpo. El adepto o el santo, focos de
fuerza espiritual y flúida, obran directamente sobre
el alma del enfermo, y, por su cuerpo astral, sobre
su cuerpo físico. Lo mismo pasa en todas las curaciones magnéticas. Jesús opera por medio de fuerzas que existen en todos los hombres, pero opera a
alta dosis, por proyecciones poderosas y concentradas. Presenta a los escribas y fariseos su poder de
curar los cuerpos como una prueba de su poder de
perdonar, o de curar el alma, lo cual es su objetivo
superior. La curación física se convierte así en la
contraprueba de una curación moral que le permite
decir al hombre entero: ¡Levántate y anda! La ciencia de hoy quiere explicar el fenómeno que los antiguos llamaban posesión, como un sencillo desarreglo nervioso. Explicación insuficiente. Psicólogos
que tratan de penetrar más allá en el misterio del
alma, ven en ella un desdoblamiento de la conciencia, una irrupción de su parte latente. Esta cuestión
está en contacto con la de los diversos planos de la
conciencia humana, que obra tan pronto sobre uno
como sobre otro y cuyo juego móvil se estudia en
los diversos estados sonambúlicos. Toca igualmente
al mundo suprasensible. Sea de ello lo que quiera,

es cierto que Jesús tuvo la facultad de restablecer el equilibrio en los cuerpos perturbados y enfocar las almas hacia su conciencia superior. "La magia verdadera, ha dicho Plotino, es el amor con su contrario el odio. Por el amor y el odio, los magos obran por medio de sus filtros y encantamientos." El amor en su más elevada conciencia y su poder supremo, tal fue la magia del Cristo.

Numerosos discípulos tomaron parte en su enseñanza íntima. Pero para hacer durar a la nueva religión, se precisa un grupo de elegidos activos que se convirtiesen en los pilares del templo espiritual que quería edificar frente al otro. De ahí la institución de los apóstoles. No los eligió entre los esenios, porque necesitaba naturalezas vigorosas y vírgenes, y quería implantar su religión en el corazón del pueblo. Dos grupos de hermanos, Simeón-Pedro y Andrés, hijos de Jonás, por un lado, y del otro Juan y Santiago, hijos de Zebedeo, los cuatro pescadores de profesión y de familias acomodadas, formaron el núcleo de los apóstoles. Al comienzo de su carrera, Jesús se muestra en su casa de Capharnaum, a orillas del lago de Genezareth, donde tenían ellos sus pesquerías. Vive entre ellos, les enseña, convierte a toda la familia. Pedro y Juan se destacan en primer lugar y dominan desde arriba a los doce como las dos figuras principales. Pedro, corazón recto y sencillo, espíritu cándido y limitado, tan propicio a la esperanza como al descorazonamiento, pero hombre de acción capaz de con-

ducir a los otros por su enérgico carácter y su fe
absoluta. Juan, naturaleza concentrada y profunda,
de entusiasmo tan fervoroso que Jesús le llamaba
"hijo del trueno". Unamos a esto el espíritu intui-
tivo, alma ardiente casi siempre replegada sobre sí
misma, de costumbres soñadoras y tristes, con ex-
plosiones formidables, furores apocalípticos, pero
también con profundidades de ternura que los otros
son incapaces de sospechar, que sólo el maestro ha
visto. Él solo, el silencioso, el contemplativo, com-
prenderá el pensamiento íntimo de Jesús. Será el
Evangelista del amor y de la inteligencia divina,
el apóstol esotérico por excelencia.

Persuadidos por su palabra, convencidos por sus
obras, dominados por su grande inteligencia y en-
vueltos en su irradiación magnética, los apóstoles
seguían al maestro de aldea en aldea. Las predica-
ciones populares alternaban con las enseñanzas íntimas. Poco a poco les abría su pensamiento. Sin
embargo, guardaba aún un silencio profundo sobre
sí mismo, sobre su papel, sobre su porvenir. Les
había dicho que el reino del cielo estaba próximo,
que el Mesías iba a venir. Ya los apóstoles murmu-
raban entre síl ¡Él es!, y lo repetían a los demás.
Pero Jesús, con dulce gravedad, se llamaba sencillamente "el Hijo del Hombre", expresión cuyo
sentido esotérico no comprendían aún los apóstoles,
pero que parecía querer decir en su boca: mensajero de la humanidad doliente. Porque añadía: "los
lobos tienen su guarida, mas el Hijo del Hombre

no tiene dónde reposar su cabeza". Los apóstoles no veían aún en él al Mesías, y según la idea judaica popular, y en sus cándidas esperanzas, concebían el reino del cielo como un Gobierno político, del cual Jesús sería el rey coronado y ellos los ministros. Combatir esa idea, transformarla de arriba abajo, revelar a sus apóstoles el verdadero Mesías, el reino espiritual; comunicarles esa verdad sublime que él llamaba el Padre, esa fuerza suprema que llamaba Espíritu, fuerza misteriosa que une juntamente todas las almas con lo invisible; mostrarles por su verbo, por su vida y por su muerte lo que es un verdadero hijo de Dios; dejarles la convicción de que ellos y todos los hombres eran sus hermanos y podían alcanzarle y unirse a él si lo querían; no abandonarlos hasta después de haber abierto a su esperanza toda la inmensidad del cielo —he aquí la obra prodigiosa de Jesús sobre sus apóstoles. ¿Creerán o no? Éste es el nudo del drama que se representa entre ellos y él. Otro hay más tremendo, que se desarrolla en el fondo de Jesús mismo. Pronto lo expondremos.

Porque en aquella hora, una oleada de alegría sumerge el trágico pensamiento en la conciencia del Cristo. La tempestad no ha soplado aún sobre el lago de Tiberiades. Es la primera Galilea del Evangelio, es el alba del reino de Dios, el matrimonio místico del iniciado con su familia espiritual. Ella le sigue, viaja con él, como el cortejo de las paraninfas sigue al esposo de la parábola. El grupo

creyente se apiña tras las huellas del maestro amado, en las playas del lago azul, encerrado en sus
montañas como en una copa de oro. Va de las fres-
cas riberas de Capharnaum a los bosquecillos de
naranjos de Bethsaida, a la montañosa Korazin,
donde ramilletes de palmas umbrosas dominan todo
el mar de Genezareth. En el cortejo de Jesús las
mujeres tienen un sitio aparte. Madres o hermanas
de discípulos, vírgenes tímidas o pecadoras arrepen-
tidas, le rodean siempre. Atentas, fieles, apasiona-
das, esparcen sobre sus pasos como un reguero de
amor, su eterno perfume de tristeza y de esperanza.
A ellas no hay que demostrarles que es el Mesías.
Con verlo, basta. La extraña felicidad que emana
de su atmósfera mezclada a la nota de un sufrimiento divino e inexpresado que resuena en el fondo
de su ser, las persuade de que es el hijo de Dios.
Jesús había ahogado pronto en sí el grito de la
carne, había dominado el poder de los sentidos
durante su estancia con los esenios. Por esto había
conquistado el imperio de las almas y el divino
poder de perdonar, esa voluptuosidad de los ángeles. Así es que puede decir a la pecadora que se
arrastra a sus pies con los cabellos sueltos, espar-
ciendo bálsamo de mucho precio: "Mucho le será
perdonado porque ha amado mucho." Palabra sublime que contiene toda una redención; porque
quien perdona, liberta.

El Cristo es el restaurador y el libertador de la
mujer, digan lo que quieran San Pablo y los Padres

de la Iglesia, que, al rebajar a la mujer al papel
de sierva del hombre, han falseado el pensamiento
del Maestro. Los tiempos védicos la habían glorificado; Buda había desconfiado de ella; Cristo la eleva devolviéndole su misión de amor y su adivinación. La Mujer iniciada representa el Alma en la
Humanidad, Aisha, como la había llamado Moisés,
es decir, el Poder de la Intuición, la Facultad
amante y vidente. La tempestuosa María Magdalena, de quien Jesús había arrojado siete demonios,
según la expresión bíblica, se convirtió en el más
ardiente de sus discípulos. Ella fue la primera que,
según San Juan, vio al divino maestro, al Cristo
espiritual resucitado sobre su tumba. La leyenda
ha querido ver obstinadamente en la mujer apasionada y creyente la mayor adoradora de Jesús, la
iniciàda del corazón, y no se ha engañado. Porque
su historia representa toda la generación de la mujer, según quería el Cristo.

En la granja de Bethania, entre Marta, María y
Magdalena, Jesús gustaba de reponerse de las labo-
res de su misión, de prepararse a las pruebas supre-
mas. Allí prodigaba sus más dulces consuelos, y en
suaves conversaciones hablaba de los divinos misterios que no quería confiar aún a sus discípulos.
A veces, en la hora en que el oro del poniente pali-
dece entre las ramas de los olivos, cuando ya el
crepúsculo oscurece sus finas hojas, Jesús quedaba
pensativo. Un velo caía sobre su faz luminosa.
Pensaba en las dificultades de su obra, en la vaci-

lante fe de los apóstoles, en los pobres enemigos del mundo. El templo, Jerusalén, la humanidad con sus crímenes, y sus ingratitudes, se desplomaban sobre él como una montaña viviente.

¿Sus brazos elevados al cielo serían bastante fuertes para pulverizarla, o quedaría aplastado bajo su masa enorme? Entonces hablaba vagamente de una prueba terrible que le esperaba y de su próximo fin. Sobrecogidas por la solemnidad de su voz, las mujeres no osaban interrogarle. Por grande que fuese la inalterable serenidad de Jesús, comprendían que su alma estaba como envuelta en el sudario de una indecible tristeza que le separaba de los goces de la vida. Presentían ellas el destino del profeta, su resolución inquebrantable. ¿Por qué esas sombrías nubes que se elevaban por el lado de Jerusalén? ¿Por qué ese viento ardiente de fiebre y de muerte, que pasaba sobre su corazón como sobre las colinas agostadas de la Judea, de matices violáceos y cadavéricos? Una noche... misteriosa estrella, una lágrima brilló en los ojos de Jesús. Las tres mujeres se estremecieron y sus lágrimas silenciosas brotaron también en la paz de Bethania. Lloraban ellas sobre él; él lloraba sobre la humanidad.

V

LUCHA CON LOS FARISEOS — LA HUÍDA A CESÁREA — LA TRANSFIGURACIÓN

Duró dos años aquella primavera galilea, en que, bajo la palabra de Cristo, los lirios angélicos relumbrantes parecían florecer en el aire embalsamado, y la aurora del reino del cielo levantarse sobre las atentas muchedumbres. Pero pronto se ensombreció el cielo, atravesado por siniestros relámpagos, heraldos de una catástrofe. La tempestad estalló sobre la pequeña familia espiritual como una de esas tempestades que barren el lago de Genezareth y tragan en su furia las débiles barquillas de los pescadores. Si los discípulos quedaron consternados, Jesús no se sorprendió, pues lo esperaba. Imposible era que su predicación y popularidad creciente no inquietasen a las autoridades religiosas de los judíos. Imposible también que la lucha entre ellas y él no se entablase a fondo. Aún más; la luz sólo de tal choque podía salir.

Los fariseos formaban en tiempo de Jesús un cuerpo compacto de seis mil hombres. Su nombre, **Perishin**, significaba: los separados o distinguidos.

De un patriotismo exaltado, con frecuencia heroico, pero estrecho y orgulloso, representaban el partido de la restauración nacional; su existencia sólo data-ba de los Macabeos. Al lado de la tradición escrita admitían uña tradición oral. Creían en los ángeles, en la vida futura, en la resurrección; pero esos vis-lumbres de esoterismo que les llegaban de Persia, quedaban ahogados bajo las tinieblas de una inter-pretación grosera y material. Estrictos observadores de la ley, pero enteramente opuestos al espíritu de los profetas, que colocaban la religión en el amor de Dios y de los hombres, hacían consistir la pie-dad en los ritos y en las prácticas, los ayunos y las penitencias públicas. Se les veía en los grandes días recorrer las calles, con la cara cubierta de hollín, clamando oraciones con aire contrito y distribu-yendo limosnas con ostentación. Por lo demás, vi-vían con lujo, trabajando con codicia por obtener los cargos y el poder. Sin embargo, eran los jefes del partido democrático y tenían al pueblo bajo su mano. Los saduceos, por el contrario, representaban el partido sacerdotal y aristocrático y se componían de familias que pretendían ejercer el sacerdocio por derecho de herencia desde los tiempos de David. Conservadores a ultranza, rechazaban la tradición oral, sólo admitían la letra de la ley, negaban el alma y la vida futura. Se burlaban igualmente de las prácticas penosas de los fariseos y de sus extra-vagantes creencias. Para ellos la religión consistía únicamente en las ceremonias sacerdotales. Habían tenido en sus manos el pontificado bajo los seleúcidas, entendiéndose perfectamente con los paganos, impregnándose de sofisma griego y aun de epicureísmo elegante. Bajo los Macabeos, los fariseos les habían arrojado del pontificado. Pero bajo Herodes y los romanos, habían vuelto a ocupar su lugar. Eran hombres duros y tenaces, sacerdotes vividores que sólo tenían una fe: la de su superioridad, y una idea: guardar el poder que poseían por tradición.

¿Qué podía ver en aquella religión, Jesús, el iniciado, el heredero de los profetas, el vidente de Engaddi, que buscaba en el orden social la imagen del orden divino, en que la justicia reina sobre la vida, la ciencia sobre la justicia, el amor y la sabiduría sobre las tres? En el templo, en lugar de la ciencia suprema y de la iniciación, la ignorancia materialista y agnóstica, considerando a la religión como un instrumento de poder; en otros términos: la impostura sacerdotal. En las escuelas y las sinagogas, en lugar del pan de vida y del rocío celeste para los corazones, una moral interesada, recubierta por una devoción formalista, es decir, la hipocresía. Muy lejos, sobre ellos, envuelto en un nimbo, César todopoderoso, apoteosis del mal, deificación de la materia; César, solo Dios del mundo de entonces, solo dueño y amo posible de los saduceos y fariseos, quisiéranlo o no. Habiendo formado Jesús, como los profetas, su idea en el esoterismo persa, ¿tenía o no razón en llamar a aquel reino el reino de Satán o de Ahrimán, es

decir, la dominación de la materia sobre el espíritu
a la que quería substituir la del espíritu sobre la
materia? Como todos los grandes reformadores, atacaba, no a los hombres, que por excepción podían
ser excelentes, sino a las doctrinas y a las instituciones en que se encastilla la mayoría. Era preciso que
la guerra fuese declarada a los poderes del día.

La lucha se entabló en las sinagogas de Galilea
para continuar bajo los pórticos del templo de Jerusalén, donde Jesús se estacionaba, predicando y ha-
ciendo frente a sus adversarios. En esto, como en
toda su carrera, Jesús obra con esa mezcla de pru-
dencia y de audacia, de reserva meditativa y de
acción impetuosa que caracterizaba su naturaleza
maravillosamente equilibrada. No tomó la ofensiva contra sus adversarios, esperó su ataque para
contestarles. El ataque no se hizo esperar. Los fariseos estaban celosos de su fama desde el principio,
a causa de sus curaciones. Pronto sospecharon en él
a su enemigo más peligroso. Entonces le abordaron
con esa urbanidad burlona, esa maldad astuta ve-
lada por hipócrita dulzura que les era propia y
habitual. Cual sabios doctores, hombres de importancia y de autoridad, le pidieron razón de su trato
con los empleados de baja clase y gentes de mala
vida. ¿Por qué sus discípulos osaban rebuscar espi-
gas el día del sábado? Eran violaciones graves contra sus prescripciones. Jesús les respondió, con su
dulzura y amplitud de ideas, con palabras de ternura y mansedumbre. Ensayó sobre ellos su verbo

de amor. Les habló del amor de Dios, que se rego-
cija más de un pecador arrepentido que de algunos
justos. Les contó la parábola de la oveja perdida
y del hijo pródigo. Embarazados, se callaron al
pronto; mas habiéndose concertado de nuevo, vol-
vieron a la carga reprochándole el curar enfermos
en sábado. "¡Hipócritas! —respondió Jesús con un
relámpago de indignación en los ojos—, ¿no quitáis
la cadena del cuello de vuestros bueyes para condu-
cirles al abrevadero el día del sábado, y la hija de
Abraham no va a poder ser libertada tal día de las
cadenas de Satán?" No sabiendo ya qué decir, los
fariseos le acusaron de expulsar los demonios en
nombre de Belzebuth. Jesús les respondió, con tanto tacto y sutileza como profundidad, que el diablo
no se expulsa a sí mismo, y agregó que el pecado
contra el Hijo del Hombre será perdonado, pero
no el cometido contra el Espíritu Santo, queriendo
decir con ello que hacía poco caso de las injurias
contra su persona, pero que negar el Bien y la Verdad cuando se ven, es la perversidad intelectual,
el vicio supremo, el mal irremediable. Estas palabras eran una declaración de guerra. Le llamaban:
¡Blasfemo!; a lo que respondía: ¡Hipócritas! ¡Se-
cuaz de Belzebuth!; a lo que respondía: ¡Raza de
víboras! A partir de ese momento, la lucha fue en-
venenándose y creciendo siempre. Jesús desplegó
en ella una dialéctica fina y apretada, incisiva. Su
palabra fustigaba como un látigo, atravesaba como

un dardo. Había cambiado de táctica; en lugar de
defenderse, atacaba y respondía a las acusaciones
con acusaciones más fuertes, sin piedad para el vicio radical: la hipocresía. "¿Por qué saltáis sobre
la Ley de Dios a causa de vuestra tradición? Dios
ha ordenado: Honra a tu padre y a tu madre; vosotros dispensáis de honrarlos cuando el dinero afluye al templo: Sólo servís a Isaías con los labios, sois
devotos sin corazón."

Jesús no cesaba de ser dueño de sí mismo; pero
se exaltaba, se crecía en aquella lucha. A medida
que le atacaban, se afirmaba más alto como Mesías.
Comenzaba a amenazar al templo, a predicar la desgracia de Israel, a hacer alusión a los paganos, decir
que el Señor enviaría otros obreros a su viña. Entonces, los fariseos de Jerusalén se excitaron. Viendo que no podían cerrarle la boca ni comprarle,
cambiaron a su vez de táctica, imaginando un lazo
para perderle. Le enviaron comisionados para ha-
cerle decir una herejía que permitiera al sanhedrín
prenderle como blasfemo, en nombre de la ley de
Moisés, o condenarle como rebelde por el goberna-
dor romano. De ahí la cuestión insidiosa sobre la
mujer adúltera y sobre la moneda de César. Penetrando siempre en los designios de sus enemigos,
Jesús los desarmó con sus respuestas, cual profundo
psicólogo y estratega hábil. Viendo que era imposible perderle de ese modo, los fariseos trataron de
intimidarle acosándole a cada paso. Ya la masa del
pueblo, trabajada por ellos, se apartaba de él vien-

do que no restauraba el reino de Israel. Por todos
lados, hasta en la más pequeña aldea, encontraba
caras cautelosas e incrédulas, espías para vigilarle,
emisarios pérfidos para descorazonarle. Algunos
fueron a decirle: "Retírate de aquí, pues Herodes
(Antipas) quiere hacerte morir." Jesús respondió
seguro de sí mismo: "Decid a ese zorro que nunca
ocurre que muera un profeta fuera de Jerusalén."
Sin embargo, tuvo que pasar varias veces el lago de
Tiberíades y refugiarse en la costa oriental, para
evitar aquellas celadas. Ya no estaba en seguridad
en punto alguno. En este tiempo ocurrió la muerte
de Juan el Bautista, a quien Antipas había hecho
cortar la cabeza, en la fortaleza de Makerus. Se dice
que Aníbal, al vez la cabeza de su hermano Asdrú-
bal, muerto por los romanos, exclamó: "Ahora re-
conozco el destino de Cartago." Jesús pudo reconocer su propio destino en la muerte de su predecesor.
De él no dudaba desde su visión de Engaddi; no
había comenzado su obra sin aceptar la muerte de
antemano; y sin embargo, aquella noticia, traída
por los discípulos entristecidos del predicador del
desierto, emocionó a Jesús como una fúnebre ad-
vertencia. Entonces exclamó: "No le han reconocido, pero le han hecho lo que han querido; así es
como el Hijo del Hombre expiró por ellos."

Los doce se inquietaban; Jesús vacilaba sobre el
camino que había de seguir. No quería dejarse coger, sino ofrecerse voluntariamente una vez terminada la obra y morir como profeta a la hora elegida

por él mismo. Acosado hacía ya un año, habituado
a ocultarse del enemigo por medio de marchas y
contramarchas, asqueado del pueblo cuyo enfria-
miento sentía después de los días de entusiasmo,
Jesús resolvió otra vez más huir con los suyos. Llegado a la cumbre de una montaña con los doce, se
volvió para mirar por última vez su lago amado,
en las orillas del cual había querido hacer lucir el
alba del reino de los cielos. Abarcó con la mirada
aquellos pueblos de la orilla o de las laderas de
los montes anegados en sus oasis de verdes planta-
ciones y blancos bajo el velo dorado del crepúsculo,
todas aquellas aldeas queridas donde había sembrado la palabra de vida y que ahora le abandonaban.
Tuvo el presentimiento del porvenir. Con mirada
profética, vio aquel país espléndido cambiado en
desierto bajo la mano vengadora de Ismael, y estas
palabras sin cólera, pero llenas de amargura y de
melancolía, salieron de su boca: "¡Desgraciada de
ti, Capharnaum! ¡Desdichada, Korazim! ¡Infeliz
Betsaida!" Luego, volviéndose hacia el mundo pagano, tomó con los apóstoles el camino que conduce, remontando el valle del Jordán, de Gadara a
Cesárea de Filipo.

Triste y largo fue el camino del grupo fugitivo
a través de grandes llanuras de juncos y las maris-
mas del alto Jordán, bajo el sol ardiente de Siria.
Pasaban la noche en las tiendas de los pastores de
búfalos, o en casa de esenios establecidos en las
aldehuelas de aquel país perdido. Los discípulos

acongojados bajaban la cabeza; el maestro, triste y
silencioso, se sumergía en su meditación. Reflexio-
naba en la imposibilidad de hacer triunfar su doctrina en el pueblo por la predicación, en las maqui-
naciones temibles de sus adversarios. La lucha suprema era inminente; había llegado a un callejón
sin salida; ¿cómo salir de él? Por otra parte, su
pensamiento iba con infinita solicitud a su familia
espiritual diseminada, y sobre todo a los doce apóstoles que, fieles y confiados, habían dejado todo
por seguirle, familia, profesión, fortuna, y que sin
embargo iban a quedar destrozados en sus corazones y a sufrir gran decepción en la esperanza de
un Mesías triunfante. ¿Podía abandonarles a sí mismos? ¿Había penetrado bastante la verdad en ellos?
¿Creerían en él y su doctrina a pesar de todo? ¿Sabían quién era él? Bajo el imperio de esta preocu-
pación, les preguntó un día: "¿Qué dicen los hombres que soy yo, el Hijo del Hombre?" Y ellos les
respondieron: "Unos dicen que eres Juan Bautista;
otros que Jeremías o uno de los profetas." "Y vosotros, ¿quién decís que soy?" Entonces, Simeón-Pedro, tomando la palabra, dijo: "Tú eres el Cristo,
el hijo de Dios vivo." [1]

En boca de Pedro y en el pensamiento de Jesús,
esa frase no significa como lo quiso más tarde la
Iglesia: Tú eres la única encarnación del Ser absoluto y todopoderoso, la segunda persona de la Tri-

---

[1] Mateo. XVI, 13-16.

nidad; sino sencillamente, eres el elegido de Israel, el término de Hijo de Dios significaba una conciencia identificada con la verdad divina, una voluntad capaz de manifestarla. Según los profetas, aquel Mesías debía ser la mayor de las manifestaciones. Sería el Hijo del Hombre, es decir, el Elegido de la Humanidad terrestre; el Hijo de Dios, es decir el Enviado de la Humanidad celeste, y como tal contendría en sí al Padre o Espíritu, que por Ella reina sobre el universo.

Al oír aquella afirmación de los apóstoles por boca de su portavoz, Jesús experimentó inmensa alegría. Sus discípulos le habían comprendido; él viviría en ellos; el lazo entre el cielo y la tierra quedaría establecido. Jesús dijo a Pedro: "Feliz de ti, Simón, hijo de Jonás; porque ni la carne ni la sangre te han revelado eso sino Mi Padre que está en los cielos." Por esta respuesta, Jesús da a entender a Pedro que le considera como iniciado al mismo título que él mismo; por la visión interna y profunda de la verdad. He aquí la única revelación, he aquí "la piedra sobre la cual el Cristo quiere construir su Iglesia y contra la cual las puertas del infierno no prevalecerán". Jesús sólo cuenta con el apóstol Pedro, en cuanto a posesión de aquella inteligencia. Un instante después, habiendo éste vuelto a su estado de hombre natural, tímido y limitado, el maestro le trata de modo bien diferente. Habiendo anunciado Jesús a sus discípulos que iba a ser muerto en Jerusalén, Pedro empezó a protestar:

"Dios no lo quiera Señor, eso no ocurrirá." Pero
Jesús, como si viera una tentación mundana en
aquel movimiento de simpatía, que tendía a quebrantar su gran resolución, se volvió vivamente
hacia el apóstol y dijo: "¡Retírate de mí, Satanás!;
eres un escándalo para mí, pues no comprendes las
cosas que son de Dios, sino únicamente las que son
de los hombres." [1] Y el gesto imperioso del maestro
decía: ¡Adelante, a través del desierto! Intimidados
por su voz solemne, se pusieron en camino por las
colinas pedregosas de la Galonítida. Esta huída, en
la que Jesús lleva a sus discípulos fuera de Israel,
parecía una marcha hacia el enigma de su destino
mesiánico, del cual buscaba la solución.

Habían llegado a las puertas de Cesárea. La ciudad, que era pagana desde Antíoco el Grande, se
asentaba en un oasis de verdor en las fuentes del
Jordán, al pie de las cimas nevadas del Hermón.
Tenía su anfiteatro, resplandecía de lujosos palacios y de templos griegos. Jesús la atravesó avanzando hasta el lugar donde el Jordán se escapa,
mugiente y claro, de una caverna de la montaña,
como la vida brota del seno profundo de la inmutable naturaleza. Había allí un pequeño templo
dedicado a Pan, y en la gruta, a orillas del naciente
río, una multitud de columnas, de ninfas de mármol y de divinidades paganas. Los judíos sentían
horror ante aquellos signos de culto idólatra. Jesús

---

[1] Mateo, XXI, 21-23.

los miró sin cólera, con indulgente sonrisa. En ellos reconoció las efigies imperfectas de la divina belleza de la que llevaba en su alma radiantes modelos. No era su misión maldecir al paganismo, sino transfigurarlo; no había venido para lanzar el anatema a la tierra y a sus energías y poderes misteriosos, sino para mostrarle el cielo. Su corazón era bastante grande, su doctrina bastante vasta para abarcar todos los pueblos y decir a todos los cultos: "Levantad la cabeza y reconoced que todos tenéis un mismo Padre." Y sin embargo estaba allí, expulsado como un animal feroz al extremo límite de Israel, oprimido, ahogado entre dos mundos que le rechazaban igualmente. Ante él, el mundo pagano, que aun no le comprendía y donde su palabra expiraba impotente; tras él, el mundo judío, el pueblo que apedreaba a sus profetas, se tapaba los oídos para no oír a su Mesías; la banda de los fariseos y de los saduceos acechaba su presa. ¿Qué valor sobrehumano, qué acción inaudita era, pues, precisa para romper todos aquellos obstáculos, para penetrar, más allá de la idolatría pagana y de la dureza judía, hasta el corazón de la humanidad doliente, que él amaba con todas sus fibras, y hacerla oír su verbo de resurrección? Entonces, por una súbita inspiración, su pensamiento saltó y descendió el curso del Jordán, el río sagrado de Israel; voló del templo de Pan al templo de Jerusalén, midió toda la distancia que separaba al paganismo antiguo del pensamiento universal de los profetas y, remontando a su propia fuente, como el águila a su nido, consideró desde la angustia de Cesárea hasta la visión de Engaddi. De nuevo, vio surgir del Mar Muerto aquel fantasma terrible de la cruz... ¿Había llegado la hora del gran sacrificio? Como todos los hombres, Jesús tenía en sí dos conciencias. Una terrestre, le mecía en la ilusión, diciéndole: ¡Quién sabe!, quizá evitaré el destino; la otra, divina, repetía implacablemente: el camino de la victoria pasa por la puerta de la congoja. ¿Era, por fin, preciso obedecer?

En todos los grandes momentos de su vida, vemos a Jesús retirarse a la montaña para orar. ¿No había dicho el sabio védico: "La oración sostiene el cielo y la tierra y domina a los Dioses"? Jesús conocía aquella fuerza de las fuerzas. Habitualmente no admitía a ningún compañero en sus retiros, cuando descendía al arcano de su conciencia. Esta vez condujo a Pedro y a los dos hijos de Zebedeo, Juan y Santiago, sobre una alta montaña para pasar la noche en ella. La leyenda quiere que ese monte sea el Tabor. Allí tuvo lugar, entre el maestro y los tres discípulos más iniciados, esa escena misteriosa que los Evangelios cuentan con el nombre de **Transfiguración**. Al decir de Mateo, los apóstoles vieron aparecer, en la penumbra transparente de una noche de Oriente, la forma del maestro luminosa y como diáfana, su cara resplandecer como el sol y sus vestiduras volverse brillantes como la luz, mostrándose luego dos figuras a su lado, que ellos

tomaron por las de Moisés y Elías. Cuando salieron
temblorosos de su extraña postración, que a la par
les parecía un sueño más profundo y una vigilia
más intensa, vieron al maestro solo a su lado, to-
cándoles para despertarles por completo. El Cristo
transfigurado que habían contemplado en aquella
visión, no se borró ya de su memoria.[1]

Pero el mismo Jesús, ¿qué había visto, qué había
sentido y atravesado durante aquella noche que
precedió al acto decisivo de su carrera profética?
Un gradual desvanecimiento de las cosas, bajo el
fuego de la oración; una ascensión de esfera a esfera en alas del éxtasis; sintió poco a poco que entraba por su conciencia profunda en una existencia
anterior, toda espiritual y divina. Lejos de él los
soles, los mundos, las tierras, torbellinos de encarnaciones dolorosas; más bien en una atmósfera
homogénea, una substancia flúida, una luz inteligente. En aquella luz, millones de seres celestes
forman una bóveda moviente, un firmamento de
cuerpos etéreos, blancos como la nieve, de donde
brotan dulces fulguraciones. Sobre el torbellino
brillante donde se hallaba en pie, seis hombres con
vestiduras sacerdotales y poderosa estatura, elevan
en sus manos un Cáliz resplandeciente. Son seis
Mesías que han pasado ya por la tierra; él es el
séptimo, y aquella Copa significa el Sacrificio que
debe cumplir encarnándose a su vez. Bajo aquel

---

[1] Mateo, XVII, 1-8.

torbellino, aquella nube, retumba el trueno; un
abismo negro se abre; el círculo de las generaciones,
la sima de la vida y de la muerte, el infierno terrestre. Los hijos de Dios, con suplicante ademán, elevan la Copa; el cielo inmóvil espera. Jesús, en signo
de asentimiento, extiende los brazos en forma de
cruz, como si quisiera abrazar al mundo. Entonces
los hijos de Dios se prosternan, la cara contra tierra; un grupo de ángeles-femeninos con largas alas
y ojos bajos, se lleva el Cáliz incandescente hacia la
bóveda de luz. El **hosanna** se repite de cielos en
cielos, melodioso, inefable... Pero Él, sin escucharlo siquiera, se sumerge en el abismo...

He aquí lo que había ocurrido en el mundo de
las Esencias, en el seno del Padre, donde se celebran
los misterios del Amor eterno y donde las revolu-
ciones de los astros pasan ligeras como ondas. Esto
es lo que había jurado cumplir; para eso había
nacido; para eso había luchado hasta el día. Y
aquel gran juramento le coronaba al término de
su obra, por la plenitud de su ciencia divina vívida
en el éxtasis.

¡Juramento formidable, terrible cáliz! Preciso era
saberlo. Después de la embriaguez del éxtasis, des-
pertaba en el fondo del abismo, al borde del martirio. No había ya duda, los tiempos habían llegado.
El cielo había hablado; la tierra pedía auxilio.

Entonces, volviendo sobre el camino andado, por
lentas etapas, Jesús descendió el valle del Jordán y
tomó el camino de Jerusalén.

VI

ÚLTIMO VIAJE A JERUSALÉN – LA PROMESA – LA CENA, EL PROCESO, LA MUERTE Y LA RESURRECCIÓN

"¡Hosanna al hijo de David!" Ese grito se oía al paso de Jesús por la puerta oriental de Jerusalén, y las ramas de palma llovían bajo sus pies. Los que le acogían con tanto entusiasmo eran adeptos del profeta galileo, llegado de los alrededores y del interior de la ciudad para ovacionarle. Saludaban en él al libertador de Israel, que pronto sería coronado rey. Los doce apóstoles que le acompañaban compartían aún esa ilusión obstinada, a pesar de las predicciones formales de Jesús. Únicamente él, el Mesías aclamado, sabía que marchaba al suplicio y que los suyos sólo después de su muerte penetrarían en el santuario de su pensamiento. Él se ofrecía de un modo resuelto, en plena conciencia y voluntad plena. De ahí su resignación, su dulce serenidad. Mientras pasaba bajo el pórtico colosal practicado en la sombría fortaleza de Jerusalén, el clamor retumbaba bajo la bóveda y le perseguía como la voz del Destino que coge su presa: "¡Hosanna al hijo de David!"

Por medio de esta entrada solemne, Jesús declaraba públicamente a las autoridades religiosas de Jerusalén, que asumía el papel de Mesías con todas sus consecuencias. Al siguiente día apareció en el templo, en el patio de los Gentiles y avanzando hacia los mercaderes de ganado y los cambistas, cuyas caras de usurero y ruido ensordecedor de las monedas profanaban el atrio del santo lugar, les dijo estas palabras de Isaías: "Escrito está: mi casa será una casa de oración, y vosotros la convertís en caverna de bandidos." Los mercaderes huyeron, llevándose sus mesas y sus sacos de dinero, intimidados por los partidarios del profeta, que le rodeaban como una muralla sólida, pero aun más por su mirada y su gesto imperioso. Los sacerdotes, asombrados de tal audacia, quedaron sobrecogidos de tanto poder. Una diputación del sanhedrín vino a pedirle explicación con estas palabras: "¿Con qué autoridad haces estas cosas?" A esa pregunta capciosa, Jesús según su costumbre, respondió con una cuestión no menos embarazosa para sus adversarios: "El bautismo de Juan, ¿de dónde venía, del cielo o de los hombres?" Si los fariseos hubiesen respondido: Viene del cielo, Jesús les hubiera dicho: Entonces, ¿por qué no habréis creído? Si hubieran dicho: Viene de los hombres, tenían que temer al pueblo, que tenía a Juan Bautista por un profeta. Respondieron, pues: Nada sabemos. "Y yo —les dijo Jesús— no os

diré tampoco por qué autoridad hago estas cosas."
Mas una vez parado el golpe, tomó la ofensiva y
agregó: "Os digo en verdad que los modestos empleados y las mujeres de mala vida os aventajan en
el reino de Dios." Luego los comparó, en una parábola, al mal viñador que mata al hijo del dueño
para tener la herencia de la viña, y se llamó a sí
mismo: "la piedra angular que les aplastaría". Con
estos actos, con estas palabras, se ve que en su último viaje a la capital de Israel, Jesús quiso cortarse
la retirada. Ya tenían, desde hacía tiempo, de su
boca, las dos grandes bases de acusación necesarias
para perderle: su amenazas contra el templo y la
afirmación de que él era el Mesías. Sus últimos
ataques exasperaron a sus enemigos. A partir de
aquel momento, su muerte, resuelta por las autoridades, sólo fue cuestión de oportunidad. Desde su
llegada, los miembros más influyentes del sanhedrín, saduceos y fariseos, reconciliados en su odio
contra Jesús, se habían entendido para hacer perecer al "seductor del pueblo". Dudaban solamente
respecto a prenderle en público, pues temían una
sublevación popular. Ya varias veces, los agentes
que habían enviado contra él habían vuelto ganados
por su palabra o atemorizados por las multitudes.
Varias veces los soldados del templo le habían visto
desaparecer en medio de ellos, de un modo incom-
prensible. Así también el emperador Domiciano,
fascinado, sugestionado y como cegado por el mago
a quien quería condenar, vio desaparecer a Apolo-

nio de Tyana, ¡ante su tribunal y en medio de sus
guardias! La lucha entre Jesús y los sacerdotes continuaba de día en día, con odio creciente del lado
de ellos y del suyo con un vigor, una impetuosidad,
un entusiasmo sobrexcitados por la certeza que tenía de lo fatal de su salida. Fue el último asalto de
Jesús contra los poderes de su tiempo. En él desplegó una extrema energía y toda su fuerza, que
revestía como una armadura la ternura sublime
que podemos llamar: el Eterno Femenino de su
alma. Aquel combate formidable terminó con terribles anatemas contra los falsificadores de la religión: "Desgraciados de vosotros, escribas y fariseos,
que cerráis el reino de los cielos a los que en él
quieren entrar... ¡Insensatos y ciegos, que pagáis
el diezmo y descuidáis la justicia, la misericordia y
la fidelidad! Os parecéis a los sepulcros blanqueados, que parecen hermosos por fuera, pero que por
dentro están llenos de despojos y toda clase de
podredumbre!"

Después de haber estigmatizado así ante los siglos
la hipocresía religiosa y la falsa autoridad sacerdotal, Jesús consideró su lucha como terminada. Salió
de Jerusalén, seguido de sus discípulos, y tomó con
ellos el camino del Monte de los Olivos. Subiendo
a él, se veía desde la altura el templo de Herodes
en toda su majestad, con sus terrazas, sus vastos pórticos, su revestimiento de mármol blanco incrustado
de jaspe y pórfido, el brillo de su techumbre lami-
nada de oro y plata. Los discípulos, descorazonados,

presintiendo una catástrofe, le hicieron notar el esplendor del edificio que el Maestro dejaba para siempre. Había en su entonación una mezcla de melancolía y de sentimiento, porque ellos habían pensado hasta el último momento verse en él como jueces de Israel, alrededor del Mesías coronado pontífice-rey. Jesús se volvió, midió el templo con los ojos y dijo: "¿Veis todo esto? Ni una piedra quedará sobre otra." [1] Juzgaba de la duración del templo de Jehovah, por el valor moral de aquellos que lo ocupaban. Comprendía que el fanatismo, la intolerancia y el odio no eran armas suficientes contra los arietes y las hachas del César romano. Con su mirada de iniciado, que se había vuelto más penetrante por esa clarividencia que da la proximidad de la muerte, veía el orgullo judaico, la política de los reyes, toda la historia judía, llevarle fatalmente a aquella catástrofe. El triunfo no estaba allí; estaba en el pensamiento de los profetas, en esa religión universal, en ese templo invisible, del cual sólo él tenía entonces plena conciencia. En cuanto a la antigua ciudadela de Sión y al templo de piedra, veía ya al ángel de la destrucción en pie ante su puerta con una antorcha en la mano.

Jesús sabía que su hora estaba próxima, pero no quería dejarse sorprender por el sanhedrín y se retiró a Betania. Como tenía predilección por el Monte de los Olivos, a él iba casi todos los días

---

[1] Mateo, XXIV, 2.

para estar con sus discípulos. Desde aquella altura
se disfrutaba de unas vistas admirables. Se abarca-
ban las severas montañas de la Judea y de Moab
con sus tintes azulados y violáceos; se divisa a lo
lejos un rincón del Mar Muerto como un espejo
de plomo de donde se escapan vapores sulfurosos.
Al pie del monte se extiende Jerusalén, dominado
por el templo y la ciudadela de Himnón y de Josaphat, la ciudad de David y del Cristo, protegida
por los hijos de Ismael, surge imponente de aquellos valles sombríos. Sus cúpulas, sus minaretes retienen la luz moribunda del cielo y parecen esperar
de continuo a los ángeles del juicio final. Allí dio
Jesús a sus discípulos sus últimas instrucciones sobre el porvenir de la religión que había venido a
fundar y sobre los destinos futuros de la humanidad, legándoles así su promesa terrestre y divina,
profundamente ligada a su enseñanza esotérica destinada a iluminar el porvenir.

Claro está que los redactores de los **Evangelios
sinópticos** nos han transmitido los discursos apocalípticos de Jesús en una confusión que los hace
casi indescifrables. Su sentido sólo comienza a ser
inteligible en el de Juan. Si Jesús hubiera realmente creído en su vuelta sobre las nubes algunos
años después de su muerte, como lo admite la exé-
gesis naturalista; o bien, si se hubiese figurado que
el fin del mundo y el juicio final de los hombres
tendrían lugar bajo aquella forma —como lo cree
la teología ortodoxa— entonces sólo hubiera sido

un iluminado quimérico, un visionario muy medio-
cre, en vez de ser el sabio iniciado, el Vidente sublime que demuestra cada palabra de su enseñanza,
cada paso de su vida. Evidentemente, aquí más que
nunca, sus palabras deben tomarse en el sentido
alegórico. Aquel de los cuatro Evangelios que nos
ha transmitido mejor la enseñanza esotérica del
maestro, el de Juan, nos impone esta interpretación, tan conforme por otra parte con el genio
parabólico de Jesús, cuando nos cuenta estas palabras del maestro: "Tendría aún que deciros muchas
cosas, pero ellas están por encima de vuestro alcance... **Os he dicho esas cosas por medio de
semejanzas**; pero el tiempo viene en que no os
hablaré ya por medio de estos rodeos, sino que os
hablaré abiertamente de mi Padre."

La promesa solemne de Jesús a los apóstoles se
refiere a cuatro objetos, cuatro esferas crecientes
de la vida planetaria y cósmica: la vida psíquica
individual; la vida nacional de Israel; la evolución
y el fin terrestres de la humanidad; su evolución y
su fin divinos. Examinemos uno a uno esos cuatro
objetos de la promesa, esas cuatro esferas de donde
irradia el pensamiento del Cristo antes de su martirio, como un sol poniente, que llena de su gloria
toda la atmósfera terrestre hasta el cenit, antes de
lucir en otros mundos.

1. **El primer juicio** significa: el destino ulterior
del alma después de la muerte, el cual es deter-
minado por su naturaleza íntima y por los actos

de su vida. Más arriba he expuesto esta doctrina, a propósito de la conversación de Jesús con Nicodemus. En el Monte de los Olivos dijo sobre esto a sus apóstoles: "Vigilaos a vosotros mismos, tened cuidado que vuestros corazones no se apesadumbren por la concupiscencia y ese día os sorprenda." [1] Y también: "Estad preparados, pues el Hijo del Hombre vendrá a la hora que menos penséis." [2]

2. **La destrucción del templo y el fin de Israel.** "Una nación se elevará contra otra... Seréis entregados a los gobernantes para ser atormentados... Os digo en verdad que esta generación no pasará sin que todas esas cosas lleguen." [3]

3. **El objetivo terrestre de la humanidad,** que no se ha fijado en una determinada época, sino que debe ser alcanzado por una serie de cumplimientos escalonados y sucesivos. Ese objetivo es el advenimiento del Cristo social, o del hombre divino sobre la tierra; es decir, la organización de la Verdad, de la Justicia y del Amor en la sociedad humana, y por consecuencia la pacificación de los pueblos. Isaías había ya predicho esa época remota en una visión magnífica que comienza por estas palabras: "Por mí, viendo sus obras y sus pensamientos, vengo para reunir todas las naciones y todas las lenguas; ellas vendrán y verán mi gloria, y pondré mi

---

[1] Lucas, XXI, 34.
[2] Mateo, XXIV, 44.
[3] Mateo, XXIV, 4-34.

signo entre ellas, etc." [1] Jesús, completando esta
profecía, explica a sus discípulos cual será ese signo.
Será la revelación completa de los misterios o el
advenimiento del Espíritu Santo, que él llama el
Consolador o "el Espíritu de Verdad que os conducirá en toda verdad". "Y rogaré a mi Padre, que os
dará otro Consolador, para que eternamente viva
entre vosotros, a saber, el Espíritu de Verdad, que
el mundo no puede recibir porque no lo ve; pero
vosotros lo conocéis ya porque habita en vosotros y
estará con nosotros." [2] Los apóstoles tuvieron esa
revelación por anticipado; la humanidad la tendrá
más tarde, en la serie de los tiempos. Pero cada vez
que ella tiene lugar en una conciencia o en un
grupo humano, les traspasa de parte a parte y hasta
el fondo. "El advenimiento del Hijo del Hombre
será como un relámpago que sale de Oriente y va
hasta el Occidente." [3] Así, cuando se enciende la
verdad central y espiritual, ilumina a todas las
otras y a todos los mundos.

4. **El juicio final** significa el fin de la evolución
cósmica de la humanidad o su entrada en un estado
espiritual definitivo. Esto es lo que el esoterismo
persa había llamado la victoria de Ormuzd sobre
Ahrimán o del Espíritu sobre la materia. El esoterismo indo lo llama la reabsorción completa de la

---

[1] Isaías, XXIV, 18-33.
[2] Juan, XXIV, 16-17.
[3] Mateo, XXIV, 27.

materia por el Espíritu o el fin de un día de
Brahmâ. Después de millares y millones de siglos,
debe llegar una época, en que, a través de la serie
de encarnaciones y reencarnaciones, nacimientos y
renacimientos, los individuos de una humanidad
entren definitivamente en el estado espiritual o
bien queden aniquilados como almas conscientes
por el mal, es decir, por sus propias pasiones, que
simbolizan el fuego de la gehena y el rechinar de
dientes. "Entonces el signo del Hijo del Hombre
aparecerá en el cielo. El Hijo del Hombre vendrá
sobre la nube. Enviará sus ángeles con un gran sonido de trompetas y reunirá a sus Elegidos de los
cuatro vientos." [1] El **Hijo del Hombre**, término
genérico, significa aquí la humanidad en sus representantes perfectos, es decir, el pequeño número de
aquellos que se han elevado al rango de hijos de
Dios. Su **signo** es el Cordero y la Cruz, es decir, el
Amor y la Vida Eterna. La **Nube** es la imagen de
los Misterios vueltos translúcidos, así como la materia sutil transfigurada por el espíritu, substancia
flúidica que ya no es un velo espeso y oscuro, sino
un vestido del alma ligero y transparente; no ya
un obstáculo grosero, sino una expresión de la
verdad; ya no una apariencia engañosa, sino la verdad espiritual misma, el mundo interior instantánea y directamente manifestado. Los **ángeles** que
reúnen a los elegidos son los espíritus glorificados,

---

[1] Hechos, IX, 1-9.

salidos de la misma humanidad. La **Trompeta** que tocan, simbolizan el verbo vidente del Espíritu, que muestra a las almas tales como ellas son y destruye todas las apariencias engañosas de la materia.

Sintiéndose Jesús en vísperas de muerte abrió y desarrolló así ante los apóstoles asombrados, las altas perspectivas que, desde los tiempos antiguos, habían formado parte de la doctrina de los misterios, pero a las que cada fundador religioso siempre ha dado una forma y un color personales. Para grabar aquellas verdades en su espíritu, para facilitar su propagación, las resumió en aquellas imágenes de audacia extrema y energía incisiva. La imagen reveladora, el símbolo parlante era el idioma universal de los iniciados antiguos. Este idioma posee una virtud comunicativa, una fuerza de concentración y duración que falta al término abstracto. Al servirse de él, Jesús no hizo más que seguir el ejemplo de Moisés y de los profetas. Sabía que la idea no sería comprendida al pronto, y quería imprimirla con caracteres flamígeros en el alma cándida de los suyos, dejando a los siglos el cuidado y la misión de generar los poderes contenidos en su palabra. Jesús se siente unificado con todos los profetas de la Tierra que le habían precedido, como él portavoces de Vida y del Verbo eternos. En tal sentimiento de unidad y de solidaridad con la verdad inmutable, ante aquellos horizontes sin límites de una radiación sideral, que sólo se ven desde el cenit de las Causas primeras, osó decir a sus dis-

cípulos estas altivas palabras: "El cielo y la tierra
pasaran, pero mis palabras, no."

De este modo se deslizaban las mañanas y las tar-
des en el Monte de los Olivos. Un día, por uno
de esos movimientos de simpatía propios de su naturaleza ardiente e impresionable, que le hacía vol-
ver bruscamente de las más excelsas alturas a los
sufrimientos de la Tierra, que como suyos sentía,
derramó lágrimas por Ierushalaim, por la ciudad
santa y su pueblo, cuyo terrible destino presentía.
El suyo también se aproximaba a pasos de gigante.
Ya el sanhedrín había deliberado sobre su destino
y decidió su muerte; ya Judas de Keriot había pro-
metido entregar a su Maestro. Lo que determinó
aquella negra traición no fue la avaricia sórdida,
sino la ambición y el amor propio herido. Judas,
tipo de egoísmo frío y de positivismo absoluto, incapaz del menor idealismo, sólo por especulación
mundana se había hecho discípulo del Cristo. Con-
taba con el triunfo terrestre inmediato del profeta,
y con el provecho que de esto sacaría. Nada había
comprendido de esta profunda palabra del Maestro: "Los que quieran ganar su vida la perderán
y los que quieran perderla la ganarán." Jesús, en su
caridad sin límites, le había admitido en el número de sus discípulos con la esperanza de cambiar
su naturaleza. Cuando Judas vio que las cosas iban
mal, que Jesús estaba perdido, sus discípulos com-
prometidos, frustradas todas sus esperanzas personales, su decepción se convirtió en rabia. El des-

graciado denunció a aquel que, a sus ojos, era un
falso Mesías y por el cual se creía engañado. Con
su penetrante mirada, Jesús había adivinado lo que
pasaba en el infiel apóstol. Decidió no evitar más
el destino, cuya inextricable red se cerraba cada
día más a su alrededor. Estaban en vísperas de Pascuas, y ordenó a sus discípulos que preparasen la
comida en la ciudad, en casa de un amigo. Presentía que sería la última, y quería darle una solemnidad excepcional.

Hemos llegado al último acto del drama mesiánico. Era necesario alcanzar en su fuente el alma
y la obra de Jesús, iluminar interiormente los dos
primeros actos de su vida: su iniciación y su carrera
pública. El drama interior de su conciencia en ellos
se ha desarrollado. El acto último de su vida, o el
drama de la pasión, es la consecuencia lógica de
los dos precedentes. Conocido de todos, se explica
por sí solo. Porque lo propio de lo sublime es ser
a la vez sencillo, inmenso y claro. El drama de la
pasión ha contribuido de un modo poderoso a formar el cristianismo. Ha arrancado lágrimas a todos
los hombres que tienen corazón, y ha convertido a
millones de almas. En todas esas escenas, los Evangelios presentan una belleza incomparable. Juan
mismo desciende de sus alturas. Su narración cir-
cunstanciada adquiere aquí la verdad punzante de
un testigo ocular. Cada uno puede hacer revivir en
sí mismo el drama divino, nadie puede corregirlo.
Voy únicamente, para acabar este trabajo, a con-

centrar los rayos de la tradición esotérica sobre los tres acontecimientos esenciales por los que terminó la vida del divino Maestro: la santa Cena, el proceso del Mesías y la resurrección. Si hacemos luz sobre esos puntos, iluminarán el pasado de toda la carrera del Cristo, y el futuro del cristianismo.

Los doce formando trece con el Maestro, se habían reunido en las habitaciones superiores de una casa de Jerusalén. El desconocido amigo, el huésped de Jesús, había adornado la habitación con rico tapiz. Según la moda oriental, los discípulos y el Maestro se reclinaron tres a tres en cuatro anchos divanes en forma de tricliniums, dispuestos alrededor de la mesa. Cuando trajeron el cordero pascual, los vasos llenos de vino y la copa preciosa, el cáliz de oro prestado por el amigo desconocido, Jesús, colocado entre Juan y Pedro, dijo: "He deseado ardientemente comer con vosotros esta Pascua, porque os digo que no comeré en otra hasta que se celebre en el reino del cielo." [1] Después de esas palabras, los semblantes se oscurecieron y la atmósfera se entenebreció.

"El discípulo que Jesús amaba", y que era el único que lo adivinaba todo, inclinó en silencio su cabeza sobre el pecho del Maestro. Según costumbre de los judíos en la comida de Pascuas, comieron en silencio las hierbas amargas y el charoset. Entonces Jesús tomó el pan y habiendo dado gracias,

---

[1] Lucas, XX, 15.

lo partió y distribuyó diciendo: "Éste es mi cuerpo, que os doy: haced esto en memoria mía." De igual modo les dio la copa después de la comida; diciéndoles: "Esta copa es la nueva alianza en mi sangre que se vierte por vosotros." [1]

Tal es la institución de la cena en toda su sencillez. Ella contiene más cosas que las que se dice y sabe comúnmente. No solamente ese acto simbólico y místico es la conclusión y resumen de la enseñanza de Cristo, sino que también es la consagración y rejuvenecimiento de un símbolo muy antiguo de la iniciación. Entre los iniciados de Egipto y Caldea, como entre los profetas y los esenios, el ágape fraternal marcaba el primer grado de la iniciación. La comunión bajo la especie del pan, ese fruto de la espiga, significaba el conocimiento de los misterios de la vida terrestre, al mismo tiempo que el reparto de los bienes de la tierra y por lo tanto la unión perfecta de los hermanos afiliados. En el grado superior, la comunión bajo la especie del vino, esa sangre de la vid penetrada por el Sol, significaba la partición de los bienes celestes, la participación en los misterios espirituales y en la ciencia divina. Jesús, al legar esos símbolos a los apóstoles, los amplió, pues a través de ellos extiende la fraternidad y la iniciación, antes limitada a algunos, a la humanidad entera. Añade el más profundo de los misterios, la mayor de las fuerzas: la

---

[1] Lucas, XXII, 19, 20.

de su sacrificio. De éste forma la cadena del amor
invisible, pero infrangible, entre él y los suyos. Ella
dará a su alma glorificada un poder divino sobre
aquellos corazones y sobre el de todos los hombres.
Esa copa de la verdad, venida del fondo de las edades proféticas, ese cáliz de oro de la iniciación, que
el anciano esenio le había presentado llamándole
profeta, ese cáliz del amor celeste que los hijos de
Dios le habían ofrecido en el transporte de su más
dulce éxtasis, —esa copa donde ahora ve relucir su
propia sangre— la tiende a sus discípulos bien ama-
dos con la ternura inefable del adiós supremo.

¿Comprenden los apóstoles, ven ese pensamiento
redentor que abarca los mundos? Él brilla en la
profunda y dolorosa mirada que el Maestro pasea
del discípulo amado a aquel que le va a traicionar.
No, no le comprenden aún, respiran penosamente,
como en un mal sueño; una especie de vapor pe-
sado y rojizo flota en el aire, y se preguntan de
dónde viene la extraña radiación de la cabeza del
Cristo. Cuando por fin Jesús declara que va a pasar
la noche en oración en el huerto de los olivos y se
levanta para decir: ¡Vamos! no sospechan ellos lo
que va a ocurrir.

. . . .

Jesús ha pasado la noche y la angustia de Geth-
semaní. De antemano, con terrible lucidez, ha visto
estrecharse el círculo infernal que va a ahogarle.

En el terror de esta situación, en la horrible espera, en el momento de ser cogido por sus enemigos, tembló; por un instante su alma retrocede ante las torturas que le aguardan; un sudor de sangre gotea de su frente. Luego la oración le conforta. Rumores de voces confusas, luces de antorchas bajo los sombríos olivos, ruido de armas: es la tropa de los soldados del sanhedrín. Judas, que les conduce, besa a su maestro para que reconozcan al profeta. Jesús le devuelve su beso con inefable piedad y le dice: "Amigo, ¿a qué has venido?" El efecto de esta dulzura, de aquel beso fraternal dado en cambio de la más baja traición, será tal sobre aquella alma tan dura, que un instante después Judas, lleno de remordimientos y de horror de sí mismo, va a suicidarse. Con sus rudas manos, los soldados cogen al rabí galileo. Los discípulos, atemorizados, huyen tras una corta resistencia, como un puñado de juncos dispersados por el viento. Sólo Juan y Pedro se quedan cerca y siguen al maestro al tribunal, con el corazón oprimido y el alma ligada a su destino. Pero Jesús se halla en perfecta calma. A partir de aquel momento, ni una protesta, ni una queja saldrán de su boca.

El sanhedrín se ha reunido apresuradamente en sesión plena. A media noche Jesús comparece ante él, porque el tribunal quiere terminar pronto con el peligroso profeta. Los sacrificadores, los sacerdotes revestidos con túnicas de púrpura, amarillas, moradas, cubiertos con sus turbantes, están solem-

nemente sentados en media luna. En medio de
ellos, sobre un sitio más elevado se halla Caifás,
el gran pontífice, tocado con la migbâh. A cada
extremo del semicírculo, sobre dos pequeñas tri-
bunas coronadas por una mesa, se hallan los dos
escribanos, uno para la condena, otro para la
libertad, **advocatus Diaboli, advocatus Dei**. Jesús,
impasible, de pie en el centro con su túnica blanca
de esenio. Oficiales de justicia, armados de correas
y de cuerdas, le rodean con los brazos desnudos, la
mano en la cadera y la mirada dura. Todos son
testigos de cargo, ni un solo defensor. El pontífice,
el juez supremo, es el acusador principal; el proceso se dice ser una medida de salud pública contra
un crimen de lesa religión; en realidad la venganza
preventiva de su sacerdocio inquieto que se siente
amenazado en su poder.

Caifás se levanta y acusa a Jesús de ser un seductor del pueblo, un **mesit**. Algunos testigos recogidos
en la multitud declaran contradiciéndose. Por fin
uno de ellos da cuenta de estas palabras, conside-
radas como una blasfemia y que el Nazareno había
lanzado más de una vez a la cara de los fariseos,
bajo el pórtico de Salomón: "Yo puedo destruir el
templo y levantarlo en tres días." Jesús calla. "¿No
respondes?", dice el sumo sacerdote. Jesús, que sabe
que será condenado y no quiere prodigar su verbo
inútilmente, guarda silencio. Mas, aun probadas
aquellas palabras, esto no basta para motivar una
pena capital. Es precisa otra confesión más grave.

Para obtenerla del acusado, el hábil saduceo Caifás le dirige una pregunta de honor, la cuestión vital de su misión. La mayor habilidad consiste con frecuencia en ir rectamente al hecho esencial. "Si eres el Mesías, dínoslo." Jesús responde al pronto de un modo evasivo, prueba que se da cuenta de la estratagema: "Si os lo digo no me creeréis; y si os lo pregunto no me responderéis." No habiendo logrado Caifás lo que se proponía con su pregunta capciosa de juez de instrucción, usa de su derecho de gran pontífice y dice con solemnidad: "Yo te conjuro, por el Dios vivo, a que nos digas si eres el Mesías, el Hijo de Dios." Interpelado así, reducido a desdecirse o afirmar su misión ante el más elevado representante de la religión de Israel, Jesús no duda ya y responde tranquilamente: "Tú lo has dicho; pero en verdad os digo que desde ahora veréis al Hijo de Dios sentado a la diestra de la Fuerza y venir sobre las nubes del cielo." [1] Al expresarse así, en el lenguaje profético de Daniel y el libro de Enoch, el iniciado esenio Iéhoshua ya no habla a Caifás como individuo. Sabe que el saduceo agnóstico es incapaz de comprenderle. Habla al soberano pontífice de Jehovah, y a través de él a todos los pontífices futuros, a todos los sacerdotes de la tierra, y les dice: "Después de mi misión sellada por mi muerte, el reino de la Ley religiosa sin explicación ha terminado en principio y de

---

[1] Mateo, XXVI. 64.

hecho. Los Misterios serán revelados y el hombre
verá lo divino a través de lo humano. Las religiones
y los cultos que no sepan demostrarse y vivificarse
uno por lo otro, quedarán sin autoridad alguna."
He aquí, según el esoterismo de los profetas y de
los esenios, el sentido, la respuesta de Jesús al sumo
sacerdote de Jerusalén que contiene el testamento
intelectual y científico del Cristo a las autoridades
religiosas de la tierra, como la institución de la
Cena contiene su testamento de amor y de iniciación a los apóstoles y a los hombres.

Sobre la cabeza de Caifás, Jesús ha hablado al
mundo. Pero el saduceo, que ha obtenido lo que
quería, no le escucha ya. Desgarrando su túnica de
fino hilo, exclama: "¡Ha blasfemado! ¿Qué necesidad tenemos ya de testigos? ¡Habéis oído su blasfemia! ¿Qué os parece?" Un murmullo unánime y
lúgubre del sanhedrín responde: "Ha merecido la
muerte." En seguida la injuria vil y brutal de los
inferiores responde a la condena del tribunal. Los
agentes le escupen, le golpean en la cara y le
gritan: "¡Profeta, adivina quién te dio!" Bajo este
desbordamiento de bajo y feroz odio, el sublime y
pálido rostro del gran mártir vuelve a adquirir su
inmovilidad marmórea y visionaria. Se dice, hay
estatuas que lloran; también hay dolores sin lágrimas y oraciones mudas de víctimas, que aterrorizan
a los verdugos y les persiguen por el resto de
su vida.

Mas no todo ha terminado. El sanhedrín puede

pronunciar la pena de muerte; para ejecutarla, es
preciso el brazo secular y la aprobación de la autoridad romana. La escena con Pilatos, contada en
detalle por Juan, no es menos notable que la de
Caifás. Aquel curioso diálogo entre Cristo y el go-
bernador romano, en que las interjecciones violen-
tas de los sacerdotes judíos y los gritos de un
populacho fanatizado representan el papel de los
coros en la tragedia antigua, tiene la persuasión
de la gran verdad dramática. Pónese al descubierto
el alma de los personajes, mostrándose el choque
de las tres potencias en juego: el cesarismo romano,
el judaísmo estrecho y la religión universal del Espíritu representada por el Cristo. Pilatos, muy indiferente a esta querella religiosa, pero muy molesto
con el asunto porque teme que la muerte de Jesús
lleve consigo una sublevación popular, le interroga
con precaución y le tiende una escala de salvamen-
to, esperando que se aproveche de ella. "¿Eres tú el
rey de los Judíos? Mi reino no es de este mundo.
¿Eres tú, pues, rey? Sí; he nacido para eso y he
venido al mundo para dar testimonio de la verdad." Pilatos no comprende mejor esta afirmación
del reino espiritual de Jesús, que Caifás ha comprendido su testamento religioso. ¿Qué es la verdad?", dice encogiendo los hombros, y esta respuesta
del caballero romano escéptico revela el estado de
alma de la sociedad pagana de entonces, como de
toda sociedad decadente. Pero no viendo por otra
parte en el acusado más que un soñador inocente,

añade: "No encuentro ningún crimen en él." Y propone a los judíos soltarle, mientras el populacho instigado por los sacerdotes vocifera: "¡Suéltanos a Barrabás!" Entonces Pilatos, que detesta a los judíos, se da el placer irónico de hacer azotar con vergajos a su pretendido rey. Cree que esto bastará a los fanáticos. Éstos se ponen aún más furiosos y claman con ira: ¡Crucifícale!

A pesar de aquel desencadenamiento de las pasiones populares, Pilatos resiste. Está cansado de ser cruel: ¡Ha visto correr tanta sangre en su vida, ha enviado tantos rebeldes al suplicio, ha oído tantos gemidos y maldiciones sin salir de su indiferencia!... Pero el sufrimiento mudo y estoico del profeta galileo, bajo el manto de púrpura y la corona de espinas, le ha sacudido con un estremecimiento desconocido... En una visión extraña y fugitiva de su espíritu, sin que pueda medir su alcance, ha dejado salir de sus labios estas palabras: "¡**Ecce Homo**! ¡He aquí al hombre!" El rudo romano estaba casi emocionado; iba a absolver. Los sacerdotes del sanhedrín que le espiaban con mirada penetrante, notaron esa emoción y se asustaron, pues veían que la presa se les escapaba. Astutamente se concertaron entre sí. Luego con voz unánime, exclamaron levantando su mano derecha y volviendo la cabeza con un gesto de horror hipócrita: "Se ha hecho pasar por hijo de Dios."

Cuando Pilatos hubo oído aquellas palabras, dice Juan, tuvo aún más temor. ¿Temor de qué? ¿Qué efecto podía causar aquel hombre al romano incrédulo que despreciaba con todo su corazón a los judíos y a su religión y sólo creía en la religión política de Roma y de César? Hay una razón seria para ello. Aunque le diesen sentidos diferentes, el nombre de **hijo de Dios** estaba bastante difundido en el esoterismo antiguo, y Pilatos, aunque escéptico, era algo supersticioso. En Roma, durante los misterios menores de Mithras, en que los caballeros romanos se hacían iniciar, había oído decir que un hijo de Dios era una especie de intérprete de la divinidad. A cualquier nación, a cualquier religión que perteneciese, atentar a su vida era un gran crimen. Pilatos apenas creía en aquellos ensueños persas, pero el nombre le inquietaba a pesar de todo y aumentaba su perplejidad. Viendo esto los judíos lanzan al procónsul la acusación suprema: "Si das la libertad a este hombre, no eres amigo del César: **porque quien se hace rey, se declara contra el César...; nosotros no tenemos otro rey que el César.**" Argumento irresistible; negar a Dios es poco, matar nada es, pero conspirar contra César es el crimen de los crímenes. Pilatos se ve obligado a rendirse y a pronunciar la sentencia. Así, al final de su carrera pública, Jesús se encuentra frente al dueño del mundo a quien ha combatido indirectamente, como oculto adversario, durante toda su vida. La sombra de César le envía a la cruz. Lógica profunda de las cosas: los judíos le han entregado, pero el espectro romano le mata extendiendo su mano; mata a su cuerpo, pero Él, el Cristo glorificado, quitará para siempre a César la aureola usurpada, la apoteosis divina, aquella infernal blasfemia del poder absoluto.

. . . .

Pilatos, después de haberse lavado las manos de la sangre del inocente, pronunció la palabra terrible: **Condemno, ibis in crucem.** Ya la muchedumbre impaciente se agolpa hacia el Gólgotha.

Estamos sobre la altura pelada y cubierta de osamentas humanas que domina a Jerusalén; lleva el nombre de Gilgal, Gólgotha, o lugar del cráneo, siniestro desierto consagrado desde siglos antes a los suplicios más horribles. La montaña no tiene árboles: allí no crecen más que horcas. En aquel sitio, Alejandro Janeo, el rey judío, había asistido con todo su harén a la ejecución de cientos de prisioneros; allí Varus había hecho crucificar a dos mil rebeldes; y allí era donde el dulce Mesías, anunciado por los profetas, debía sufrir el atroz suplicio, inventado por el genio atroz de los fenicios, adoptado por la ley implacable de Roma. La cohorte de los legionarios forma un gran círculo en la cumbre de la colina y separa a golpes de lanza a los últimos fieles que han seguido al condenado. Son mujeres galileas; mudas y desesperadas, se arrojan al suelo. Ha llegado la hora suprema de Jesús. Es preciso que el defensor de los pobres, de los débiles y de los oprimidos, acabe su obra en el martirio abyecto, reservado a los esclavos y a los bandidos. Se necesita que el profeta consagrado por los esenios se deje clavar en la cruz aceptada en la visión de Engaddi; es preciso que el hijo de Dios beba el cáliz entrevisto en la Transfiguración; es preciso que descienda al fondo del infierno y del horror terrestre. Jesús ha rehusado el brebaje tradicional preparado por las piadosas mujeres de Jerusalén y destinado a aturdir a los condenados. Sufrirá su agonía en plena conciencia. Mientras le atan sobre el madero, mientras los rudos soldados clavan con grandes martillazos los clavos en aquellos pies adorados por los desgraciados, en aquellas manos que sólo sabían bendecir, la negra nube de un sufrimiento desgarrador apaga sus ojos, ahoga su garganta. Mas desde el fondo de aquellas convulsiones y de aquellas tinieblas infernales, la conciencia del Salvador siempre despierta, sólo tiene una palabra para sus verdugos: "Padre, perdónalos, que no saben lo que hacen."

He aquí el fondo del cáliz: las horas de la agonía desde mediodía a la puesta del sol. La tortura moral se suma y agrega a la tortura física. El iniciado ha abdicado de sus poderes; el hijo de Dios va a eclipsarse; sólo queda el hombre que sufre. Durante algunas horas va a perder su cielo, a fin de medir el abismo del sufrimiento humano. La cruz se eleva lentamente con su víctima y su letre-

ro, última ironía del procónsul: "¡Éste es el rey de
los judíos!" Ahora las miradas del crucificado ven
flotar en una nube de angustia a Jerusalén, la ciudad santa que ha querido glorificar y que le lanza
el anatema. ¿Dónde están sus discípulos? Desapare-
cieron. Sólo oye las injurias de los miembros del
sanhedrín, que juzgan que el profeta ya no es de
temer y triunfan en su agonía. "¡Ha salvado a los
otros, dicen, y no puede salvarse a sí mismo!" A
través de aquellas blasfemias, de aquella perversidad, en una visión aterradora del porvenir, Jesús
ve todos los crímenes que los potentados inicuos,
los fanáticos sacerdotes, van a cometer en su nombre.
bre. ¡Se servirán de su signo para maldecir! ¡Cru-
cificarán con su cruz! No es el sombrío silencio del
cielo velado para él, sino la luz perdida para la
humanidad quien le hace lanzar aquel grito de
desesperación: "Padre mío, ¿por qué me has abandonado?" Entonces la conciencia del Mesías, la
voluntad de toda su vida, brota en un último relámpago y su alma se escapa con este grito: "Con-
sumado está."

¡Oh sublime Nazareno, oh divino Hijo del Hombre, ya no estás aquí! Con rápido vuelo sin duda
tu alma ha vuelto a encontrar, en una luz más
brillante, tu cielo de Engaddi, tu cielo del monte
Tabor! Has visto a tu Verbo victorioso volando
sobre los siglos, y no has querido otra gloria que
las manos y las miradas levantadas hacia ti de
aquellos que has curado y consolado... A tu úl-

timo grito, incomprendido por tus guardas, un escalofrío les ha estremecido. Los soldados romanos
se han vuelto, y ante la extraña radiación dejada
por tu espíritu sobre la faz tranquila de aquel cadáver, tus verdugos asombrados se miran y dicen:
"¿Será un dios?"

. . . .

¿Ha concluido realmente el drama? ¿Terminó la
lucha formidable y silenciosa entre el divino Amor
y la Muerte que se ha lanzado sobre él con los poderes reinantes en la tierra? ¿Dónde está el vence-
dor? ¿Lo son aquellos sacerdotes que descienden
del Calvario, contentos de sí mismos, seguros, puesto que han visto expirar al profeta, o lo será el
pálido crucificado ya lívido? Para aquellas mujeres
fieles que han dejado aproximar los legionarios
romanos y que sollozan al pie de la cruz, para los
discípulos consternados y refugiados en una gruta
del valle de Josapath, todo ha terminado. El Mesías
que debía sentarse en el trono de Jerusalén ha
perecido miserablemente en el suplicio infame de
la cruz. El Maestro ha desaparecido; con él la esperanza, el Evangelio, el reino del cielo. Un triste
silencio, una desesperación profunda pesan sobre la
pequeña comunidad. Pedro y Juan mismos están
anonadados. Todo lo ven oscuro a su alrededor; ya
no luce en su alma un rayo de esperanza. Sin
embargo, de igual modo que en los misterios de

Eleusis una luz deslumbradora sucedía a las tinieblas profundas, así en los Evangelios a aquella desesperación inmensa sucede una súbita alegría, instantánea, prodigiosa, que hace irrupción como la luz del sol en la aurora, y este clamar vibrante de alegría se propaga en toda la Judea: ¡Ha resucitado!

La primera es María Magdalena que, errando a la ventura alrededor del sepulcro, ha visto al Maestro y ha reconocido su voz que la llamaba por su nombre: ¡María! Loca de contento, se ha precipitado a sus pies. Ha visto a Jesús mirarla, hacer un gesto como para prohibirla tocarle, luego desvanecerse bruscamente la aparición, dejando alrededor de Magdalena una tibia atmósfera y la certidumbre de una presencia real. Después las santas mujeres encuentran al Señor y le oyen decir estas palabras: "Id a decir a mis hermanos que vayan a Galilea y allá me verán." La misma noche, estando reunidos los once y las puertas cerradas, vieron entrar a Jesús. Ocupó lugar en medio de ellos, les habló dulcemente, reprochándoles su incredulidad. Luego dijo: "Id por el Mundo y predicad el Evangelio a toda criatura humana." [1] Cosa extraña; mientras le escuchaban, todos estaban como en un sueño, habían por completo olvidado su muerte, le creían vivo y estaban persuadidos de que el Maestro no les abandonaría. Mas en el

---

[1] Marcos, XVI, 15.

instante en que iban a hablar, le habían visto desaparecer como una luz que se apaga. El eco de su voz vibraba aún en sus oídos. Los apóstoles, deslumbrados, buscaron en el sitio que dejó vacío; un vago resplandor flotaba en él; de repente se esfumó. Según Mateo y Marcos, Jesús reapareció poco después sobre una montaña, ante quinientos hermanos reunidos por los apóstoles. Otra vez se mostró de nuevo a los once reunidos. Luego las apariciones cesaron. Pero la fe se había creado; la impulsión estaba dada, el cristianismo vivía. Los apóstoles, henchidos de sagrado fuego, curaban enfermos y predicaban el Evangelio de su Maestro. Tres años más tarde, un joven fariseo llamado Saulo, animado contra la nueva religión de violento odio y que perseguía a los cristianos con juvenil ardor, fue a Damasco con algunos compañeros. En el camino se vio súbitamente envuelto en un relámpago tan deslumbrador que cayó a tierra. Tembloroso, exclamó: "¿Quién eres? Y oyó decir a una voz: Soy Jesús, a quien persigues; duro te sería volverte contra los aguijones." Sus compañeros, tan asustados como él, le levantaron. Habían oído la voz sin ver nada. El joven, cegado por el rayo, sólo después de tres días de oscuridad pudo recobrar la vista.[1]

Saulo se convirtió a la fe de Cristo y fue Pablo, el apóstol de los Gentiles. Todo el mundo está de

---

[1] Hechos, IX, 1-9.

acuerdo en decir que sin aquella conversión el cristianismo confinado en Judea, no hubiese conquistado el Occidente.

Tales son los hechos relatados por el Nuevo Testamento. Por esfuerzos que se hagan para reducirlos al mínimum, y cualquiera que sea por otra parte la idea religiosa o filosófica que a ello se relacione, es imposible hacerlos pasar por pura leyenda y rehusarles el valor de un testimonio auténtico, en cuanto a lo esencial. Desde hace dieciocho siglos las olas de la duda y de la negación han asaltado la roca de este testimonio; hace cien años que la crítica se ha encarnizado contra él con todos sus útiles y todas sus armas. Ella ha podido desquiciarlo en ciertos puntos, pero no moverlo de su lugar. ¿Qué es lo que hay tras las visiones de los apóstoles? Los teólogos primarios, los exégetas de la letra y los sabios agnósticos podrán disputar sobre él hasta el infinito y batirse en la oscuridad; no se convertirán unos a otros y razonarán en el vacío, en tanto que la Teosofía, que es la ciencia del Espíritu, no haya ampliado sus concepciones y que una Psicología experimental superior, que es el arte de descubrir el alma, no les haya abierto los ojos. Pero, no colocándonos aquí más que en el punto de vista del historiador concienzudo, es decir, de la autenticidad de esos hechos como hechos psíquicos, hay una cosa de que no se puede dudar y es que los apóstoles han tenido esas apariciones y que su fe en la resurrección del Cristo ha sido inque-

brantable. Si se rechaza la narración de Juan, como
habiendo recibido su definitiva redacción cien años
aproximadamente después de la muerte de Jesús,
y la de Lucas sobre Emmaús como una amplifica-
ción poética, quedan las afirmaciones simples y positivas de Marcos y Mateo, que son la raíz misma de
la tradición y de la religión cristiana. Queda aún
algo más sólido e indiscutible: el testimonio de
Pablo. Queriendo explicar a los Corintios la razón
de su fe y la base del Evangelio que predica, enu-
mera por su orden seis apariciones sucesivas de
Jesús: las de Pedro, a los once, a los quinientos
"cuya mayor parte vive aún", a Santiago, a los
apóstoles reunidos, y finalmente su propia visión
en el camino de Damasco.[1] Tales hechos fueron
comunicados a Pablo por el mismo Pedro y por
Santiago tres años después de la muerte de Jesús,
poco después de la conversión de Pablo; cuando
hizo su primer viaje a Jerusalén. Los relatos pro-
vienen de testigos oculares. En fin, de todas esas
visiones, la más incontestable no es la menos extra-
ordinaria, quiero decir la del mismo Pablo; en sus
epístolas se refiere a ella sin cesar como fuente
de su fe. Dados el estado psicológico precedente de
Pablo y la naturaleza de su visión, ésta viene de
fuera y no de dentro; es de un carácter inesperado
y fulminante y cambia su ser de pies a cabeza.
Como bautismo de fuego templa su alma, la re-

---

[1] Corintios, XV, 1-9.

viste de una armadura infrangible, y hace de él ante el mundo el defensor invencible del Cristo.

De este modo, el testimonio de Pablo tiene una doble fuerza, en tanto que afirma su propia visión y corrobora la de los otros. Si se quisiera dudar de la sinceridad de tales afirmaciones, sería preciso rechazar en masa todos los testimonios históricos y renunciar a escribir historia. Agreguemos que si no puede haber crítica exacta sin un cotejo exacto y una selección razonada de todos los documentos, tampoco puede haber historia filosófica si no se deduce la grandeza de los efectos de la grandeza de las causas. Se puede no conceder ningún valor objetivo a la resurrección y considerarla como un fenómeno de alucinación pura —como lo hacen Celse, Strauss y M. Renán. Pero en ese caso, preciso es fundar la más grande revolución religiosa de la humanidad sobre una aberración de los sentidos y sobre una quimera del espíritu.[1] No hay que engañarse; la fe en la resurrección es la base del cristianismo histórico. Sin esta confirmación de la doctrina de Jesús por un hecho deslumbrador, su religión no hubiera tan siquiera comenzado.

Aquel hecho operó una revolución total en el alma de los apóstoles. De judaica que era, su con-

---

[1] Strauss ha dicho: El hecho de la resurrección sólo es explicable como un juego de charlatán al servicio de la historia universal, **ein welthistorischer humbug**. La frase es más cínica que aguda y no explica las visiones de los apóstoles y de Pablo.

ciencia se convirtió en cristiana. Para ellos el Cristo
glorioso, vive; él les ha hablado; el cielo se ha
abierto; el más allá ha ingresado en el más-acá; la
aurora de la inmortalidad ha tocado a su frente y
abrasado sus almas con un fuego que no puede
apagarse ya. Sobre el reino terrestre de Israel que
se derrumba, han entrevisto en todo su esplendor
el reino celeste y universal. De ahí sus alientos para
la lucha, su alegría en el martirio. De la resurrección de Jesús parte ese impulso prodigioso, esa
inminente esperanza que lleva el Evangelio a todos
los pueblos y va a bañar con sus ondas los últimos confines de la tierra. Para que el cristianismo
triunfase, se precisaban dos cosas, como dice Fabre
d'Olivet: que Jesús quisiera morir y que tuviese
la fuerza de resucitar.

Para concebir del hecho de la resurrección una
idea racional, para comprender también su alcance
religioso y filosófico, no hay más que tener en
cuenta el fenómeno de las apariciones sucesivas y
separar desde el principio la absurda idea de la
resurrección del cuerpo, una de las mayores piedras
de toque del dogma cristiano que, en este punto
como en muchos otros, es absolutamente primario
e infantil. La desaparición del cuerpo de Jesús
puede explicarse por causas naturales y hay que
notar que el cuerpo de varios grandes adeptos ha
desaparecido sin dejar rastro y de un modo tan
misterioso como éste, entre otros el de Moisés, de
Pitágoras y de Apolonio de Tyana, sin que se haya

podido jamás saber qué ha sido de ellos. Quizás los hermanos conocidos o desconocidos que velaban sobre ellos hayan destruido por el fuego los despojos de su Maestro para substraerlos a la profanación de sus enemigos. Sea de ello lo que quiera, el aspecto científico y la grandeza espiritual de la resurrección sólo aparecen si se la comprende en el sentido esotérico.

Entre los egipcios, como entre los persas de la religión mazdeana de Zoroastro, antes y después de Jesús en Israel, como entre los cristianos de los primeros siglos, la resurrección ha sido comprendida de dos maneras, una material y absurda, otra espiritual y teosófica. La primera es la idea popular finalmente adoptada por la Iglesia después de la represión del gnosticismo; la segunda es la profunda idea de los iniciados. En el primer sentido, la resurrección significa la vuelta a la vida del cuerpo material, en una palabra, la reconstitución del cadáver descompuesto o dispersado, que se figuraban debía tener lugar al advenimiento del Mesías o en el juicio final. Inútil es hacer resaltar el materialismo grosero y lo absurdo de esa concepción. Para el iniciado la resurrección tenía un sentido muy diferente y se relacionaba con la constitución ternaria del hombre. Ella significaba la purificación y la regeneración del cuerpo sideral, etéreo y fluídico, que es el organismo del alma y en cierto modo la cápsula del espíritu. Esa purificación puede tener lugar desde esta vida por el trabajo interno del alma y cierto modo de existencia; pero no tiene lugar más que después de la muerte para la mayor parte de los hombres, y sólo para aquellos que de uno u otro modo han aspirado a lo justo y a lo verdadero. En el otro mundo la hipocresía es imposible. Allí las almas aparecen tal como en realidad ellas son; ellas se manifiestan fatalmente bajo la forma y el color de su esencia; tenebrosas y repugnantes si son malas; radiantes y bellas si son buenas. Tal es la doctrina expuesta por Pablo en la epístola a los Corintios, donde dice formalmente: "Hay un cuerpo animal y un cuerpo espiritual."[1] Jesús lo anuncia simbólicamente, pero con más profundidad para quien sabe leer entre líneas, en su conversación secreta con Nicodemus. Cuanto más espiritualizada está un alma, más grande será su alejamiento de la atmósfera terrestre, más lejana la región cósmica que la atrae por su ley de afinidad, más difícil su manifestación a los hombres.

De modo que las almas superiores no se manifiestan casi nunca al hombre, más que en el estado de sueño profundo o éxtasis. Entonces, con los ojos físicos cerrados, el alma medio desprendida del cuerpo, a veces ve a otras almas. Ocurre a veces que un gran profeta, un verdadero hijo de Dios se manifiesta a los suyos de un modo sensible y en estado de vigilia, a fin de persuadirles mejor, im-

---

[1] Corintios, XV, 39-46.

presionando sus sentidos y su imaginación. En tal
caso, el alma desencarnada llega a dar momentá-
neamente a su cuerpo espiritual una apariencia
visible, a veces hasta tangible, por medio de un
dinamismo particular que el espíritu ejerce sobre la
materia por las fuerzas eléctricas de la **atmósfera**
y las fuerzas magnéticas de los cuerpos vivos.

Es lo que ocurrió, según todas las apariencias,
en el caso de Jesús. Las apariciones reseñadas por
el Nuevo Testamento entran alternativamente en
una u otra de estas dos categorías: visión espiritual
y aparición sensible. Es cierto que tuvieron para
los apóstoles el carácter de una realidad suprema.
Hubieran ellos dudado antes de la existencia del
cielo y de la tierra, que de su comunión viviente
con el Cristo resucitado. Porque aquellas visiones
emocionantes del Señor eran cuanto había de más
radiante en su vida, de más profundo en su conciencia. No existe lo sobrenatural, pero sí lo desconocido de la naturaleza, en su continuación oculta
en lo infinito, y la fosforescencia de lo invisible en
los confines de lo visible. En nuestro estado corporal presente nos cuesta trabajo creer y aun concebir la realidad de lo impalpable; en el estado
espiritual, la materia es la que nos parece lo irreal
y lo no existente. Pero la síntesis del alma y de la
materia, esas dos fases de la substancia una, se
encuentra en el Espíritu. Porque si nos remontamos a los principios eternos, a las causas finales, las
leyes innatas de la Inteligencia explican el dina-

mismo de la naturaleza; y el estudio del alma, por psicología experimental, explica las leyes de la vida.

La resurrección, comprendida en el sentido esotérico, como acabo de indicarlo, era, pues, a la vez la conclusión necesaria de la vida de Jesús y el prefacio indispensable a la evolución histórica del cristianismo. Conclusión necesaria, pues Jesús la había anunciado varias veces a sus discípulos. Si tuvo poder para aparecer después de su muerte con aquel esplendor triunfal, ello fue debido a la pureza, a la fuerza innata de su alma, centuplicada por la magnitud del esfuerzo y de la obra cumplida.

Visto desde fuera y desde el punto de vista terrestre, el drama mesiánico termina en la cruz. Sublime en sí, le falta sin embargo el cumplimiento de la promesa. Visto desde dentro, desde el fondo de la conciencia de Jesús y desde el punto de vista celeste, tiene tres actos que culminan en la **Tentación, la Transfiguración y la Resurrección.** Esas tres frases representan en otros términos: **la Iniciación del Cristo, la Revelación total y la Coronación de la obra,** y corresponden bastante bien con lo que los apóstoles y los cristianos iniciados de los primeros siglos llamaron los **misterios del Hijo, del Padre y del Espíritu Santo.**

Coronación necesaria, decía, de la vida del Cristo, y prefacio indispensable de la evolución histórica del cristianismo. El navío construido en la playa tenía necesidad de ser lanzado al océano. La resurrección fue además una puerta de luz abierta sobre toda la reserva esotérica de Jesús. No nos admiremos de que los primeros cristianos hayan quedado deslumbrados y cegados por su fulgurante irrupción, de que hayan comprendido con frecuencia la enseñanza del Maestro a la letra, y hayan equivocado el sentido de sus palabras. Pero hoy que el espíritu humano ha recorrido el ciclo de las edades, de las religiones y de las ciencias, adivinamos lo que un San Pedro, un San Pablo, lo que el mismo Jesús entendían por los misterios del Padre y del Espíritu. Vemos que contenían lo que la ciencia psíquica y la intuición teosófica del Oriente habían conocido de más elevado y verdadero. Vemos también el poder de nueva expansión que el Cristo dio a la antigua, a la eterna verdad, por la grandeza de su amor, por la energía de su voluntad. Percibimos en fin el lado a la vez metafísico y práctico del cristianismo, que constituye su poder y su vitalidad.

Los viejos teósofos de Asia han conocido las verdades trascendentes. Los brahamanes hasta encontraron la clave de la vida anterior y futura, formulando la ley orgánica de la reencarnación y dé la alternativa de las vidas. Pero a fuerza de sumergirse en el más-allá y en la contemplación de la Eternidad, olvidaron la realización terrestre: la vida individual y social. La Grecia, primitivamente iniciada en las mismas verdades bajo formas más veladas y más antropomórficas, se fijó, por su genio propio, en la vida natural y terrestre. Esto le per-

mitió revelar por el ejemplo las leyes inmortales de
lo Bello y formular los principios de las ciencias de
observación. Pero, en ese punto de vista, su concepción del más allá se estrechó y oscureció gradualmente. Jesús, por su amplitud y su universalidad, abarca los dos extremos de la vida. En la
oración dominical, que resume su enseñanza, dice:
**"Hágase tu voluntad así en la tierra como en el
cielo."** Y el reino divino sobre la tierra significa el
cumplimiento de la ley moral y social en toda la
riqueza, en todo el esplendor de lo Bello, lo Bueno
y lo Verdadero. Es decir, que la magia de su doctrina, su poder de desenvolvimiento en cierto modo
ilimitado, residen en la unidad de su moral y de su
metafísica, en su fe ardiente en la vida eterna, y
en su necesidad de comenzarla en la tierra por la
acción, por la caridad activa. El Cristo dice al
alma abrumada bajo todos los pesos de la tierra:
¡Levántate, pues tu patria está en el cielo; pero
si has de crearlo y llegar a él, pruébalo desde aquí
por tus obras y por tu amor!

VII

LA PROMESA Y SU CUMPLIMIENTO
— EL TEMPLO

"En tres días derribaré el templo; en tres días lo reedificaré", había dicho a sus discípulos el hijo de María, el esenio consagrado Hijo del Hombre, es decir, el heredero espiritual del Verbo de Moisés, de Hermes y de todos los antiguos hijos de Dios. Esta promesa audaz, palabra de iniciado y de iniciador, ¿la ha realizado? Sí, si se tienen en cuenta las consecuencias que la enseñanza del Cristo, confirmada por su muerte y por su resurrección espiritual, han tenido para la humanidad, y todas las que contiene su promesa para un porvenir ilimitado. Su verbo y su sacrificio han colocado los cimientos de un templo invisible más sólido y más indestructible que todos los templos de piedra; pero ese templo no se continúa ni se acaba más que en la medida en que cada hombre y los siglos en él trabajan.

¿Qué templo es éste? El de la humanidad regenerada. Es un templo moral, social y espiritual.

El templo moral es la regeneración del alma humana, la transformación de los individuos por el ideal humano, ofrecido como ejemplo a la humanidad en la persona de Jesús. La armonía maravillosa y la plenitud de sus virtudes lo hacen difícil de definir. Razón equilibrada, intuición mística, simpatía humana, poder del verbo y de la acción, sensibilidad hasta el dolor, amor desbordante hasta el sacrificio, valor hasta la muerte, nada le ha faltado. ¡Había alma bastante en cada gota de sus venas para hacer un héroe; pero esto unido a la dulzura divina! La unión profunda del heroísmo y del amor, de la voluntad y de la inteligecia, del Eterno Masculino con el Eterno Femenino, constituyen en él la flor del ideal humano. Toda su moral, que tiene como límite el amor fraternal ilimitado y la alianza humana universal, se desprende naturalmente de aquella grande personalidad. El trabajo de dieciocho siglos transcurridos desde su muerte ha tenido por resultado hacer penetrar este ideal en la conciencia de todos. Porque no hay ya casi hombre alguno en el mundo civilizado que de él no tenga una noción más o menos clara. Se puede afirmar que el templo moral deseado por el Cristo no está terminado, sino fundado sobre indestructibles bases en la humanidad actual.

No ocurre lo mismo con el templo social. Éste supone el establecimiento del reino de Dios o de la Ley providencial en las instituciones orgánicas de la humanidad; es preciso construirlo por completo. La humanidad vive aún en estado de guerra,

bajo la ley de la Fuerza y del destino. La ley del
Cristo que reina en la conciencia moral, no ha pasado aún a las instituciones. Sólo incidentalmente
he tocado a las cuestiones de organización social
y política en este libro, dedicado exclusivamente
a iluminar la cuestión filosófica y religiosa en su
centro, por medio de algunas de las esenciales verdades esotéricas y por la vida de los grandes iniciados. No me ocuparé con más extensión de aquellas cuestiones en esta conclusión. Es demasiado
vasta y compleja y escapa demasiado a mi compe-
tencia para que yo intente tan siquiera definirla
en algunas líneas. Sólo diré lo siguiente. La guerra
social existe en principio en todos los países euro-
peos, porque no hay bases económicas, sociales y
religiosas admitidas por todas las clases de la sociedad. Asimismo, las naciones europeas no han ce-
sado de vivir entre sí en estado de guerra abierta
o de paz armada, porque tampoco las liga legal-
mente ningún principio federativo común. Sus
intereses, sus aspiraciones comunes, no pueden re-
currir a ninguna autoridad reconocida, no pueden
tener sanción en ningún tribunal snpremo. Si la
ley del Cristo ha penetrado en las conciencias indi-
viduales y hasta cierto punto en la vida social, la
ley pagana y bárbara es la que rige en nuestras
instituciones políticas. Actualmente el poder político está en todas partes constituido sobre bases
insuficientes, porque por un lado emana del llamado poder divino de los reyes, que no es otro que

el de la fuerza militar; por otra parte del sufragio universal, que sólo es el instinto de las masas o la inteligencia no seleccionada. Una nación no es un número de valores indistintos o de cifras adicionales, sino que es un ser vivo compuesto de órganos. En tanto que la representación nacional no sea la imagen de aquel organismo desde sus genios hasta sus clases instructoras, no existirá la representación nacional orgánica e inteligente. En tanto que los delegados de todos los cuerpos científicos y de todas las iglesias cristianas no se constituyan conjuntamente en un consejo superior, nuestras sociedades serán gobernadas por el instinto, la pasión y la fuerza; no existirá el templo social.

¿De dónde procede, pues, que sobre la Iglesia, demasiado pequeña para contenerle por completo, de la política que le niega y de la Ciencia que no le comprende aún más que a medias, el Cristo está más vivo que nunca? De que su moral sublime es el corolario de una ciencia más sublime aun. La humanidad comienza sólo a presentir el alcance de su obra, la extensión de su promesa. Detrás de él vemos conjuntamente a Moisés, a toda la antigua teosofía de los iniciados de la India, Egipto y Grecia, de la cual constituye una confirmación luminosa. Comenzamos a comprender que Jesús en su más alta conciencia, que el Cristo transfigurado, abre sus brazos amorosos a sus hermanos, a los otros Mesías que le han precedido, como él rayos del Verbo viviente; que los abre por completo

a la Ciencia integral, al Arte divino y a la Vida
plena. Pero su promesa no puede cumplirse sin el
concurso de todas las fuerzas vivas de la humanidad. Dos cosas principales son necesarias hoy para
proseguir la gran obra: por una parte abrir pro-
gresivamente la ciencia experimental y la filosofía intuitiva a los hechos del orden psíquico, a los
principios intelectuales y a las verdades espirituales; por otra la ampliación del dogma cristiano en
el sentido de la tradición y de la ciencia esotérica;
por consiguiente, una reorganización de la Iglesia
según la iniciación graduada y esto por un movimiento libre e irresistible de todas las iglesias cristianas, que son todas igualmente y con igual título
las hijas de Cristo. Es preciso que la ciencia se
vuelva religiosa y la religión científica. Esa doble
evolución, que ya se prepara, traería final y forzosamente una reconciliación de la Ciencia y de la
Religión en el terreno esotérico. La obra no se rea-
lizará sin grandes dificultades al principio, pero el
porvenir de la Sociedad europea, de ello depende.
La transformación del Cristianismo en el sentido
esotérico llevaría consigo la del Judaísmo y del Isla-
mismo, así como una regeneración del Brahma-
nismo y del Buddhismo en el mismo sentido: ésta
sería una base religiosa para la reconciliación del
Asia y de Europa.

He ahí el templo espiritual por construir; el
coronamiento y la culminación de la obra intuiti-
vamente concebida y deseada por Jesús. ¿Puede

su verbo de amor formar la cadena magnética de
las ciencias y de las artes, de las religiones y de los
pueblos, y convertirse así en el verbo universal?

Hoy el Cristo es dueño del globo por las dos
razas más jóvenes, llenas aún de fe. Por Rusia, tiene
el pie en Asia. Los que la creen destinada a una
decadencia irremediable, la calumnian. Pero si continúa despedazándose, en vez de federalizarse bajo
la impulsión de una sola autoridad legal: la científica y religiosa; si por la extinción de esa fe, que
es la luz del espíritu nutrida por el amor, continúa
preparando su descomposición moral y social, su
civilización corre el riesgo de perecer entre las
convulsiones sociales en primer término, luego por
la invasión de las razas más jóvenes; y éstas cogerán
la antorcha que ella ha dejado escapar de sus
manos.

Europa debiera llevar a cabo otra misión más
hermosa, que consistiría en conservar la dirección
del mundo, acabando la obra social del Cristo, formulando su pensamiento integral, coronando por
la Ciencia, el Arte y la Justicia el templo espiritual
del mayor de los hijos de Dios.

JESÚS Y LOS ESENIOS

LA SECRETA ENSEÑANZA DE JESÚS

I

EL CRISTO CÓSMICO

Hemos llegado a un punto de la evolución humana y divina en que precisa recordar el pasado para comprender el porvenir. Porque hoy, el influjo de lo superior y el esfuerzo de lo inferior convergen en una fusión luminosa que proyecta sus rayos, retrocediendo, sobre el inmemorial pasado y avanzando, hacia el infinito futuro.

El advenimiento de Cristo significa el punto central, la incandescente pira de la historia. Señala un cambio de orientación y de lugar, un impulso nuevo y prodigioso. ¡Qué hay de sorprendente que aparezca a los intransigentes materialistas como una desviación funesta y a los simples creyentes como un golpe teatral que anula el pasado para reconstruir y refrigerar de nuevo al mundo!

A decir verdad, los primeros son víctimas de su ceguera espiritual y los segundos de la estrechez de sus horizontes. Si, de una parte, la manifestación de Cristo por medio del maestro Jesús es un hecho de significación incalculable, de otra ha sido incubada por toda la precedente evolución. Una trama de invisibles hilos ayúntala a todo el pasado de nuestro planeta. Esta radiación proviene del corazón de Dios para descender hasta el corazón del hombre y recordar a la tierra, hija del Sol, y al hombre, hijo de los Dioses, su celeste origen.

Tratemos de dilucidar, en pocas palabras, este misterio.

La tierra con sus reinos, la humanidad con sus razas, las potestades espirituales con sus jerarquías, que se prolongan hasta lo Insondable, evolucionan bajo idéntico impulso, con movimiento simultáneo y continuo. Cielo, tierra y hombre marchan unidos. El único medio de seguir el sentido de su evolución consiste en penetrar, con mirada única, estas tres esferas en su común tarea y considerarlas como un todo orgánico e indisoluble.

Así considerando, contemplemos el estado del mundo al nacer el Cristo y concentremos nuestra atención sobre las dos razas que representan, en aquel momento, la vanguardia humana: la greco-latina y la judía.

Desde el punto de vista espiritual, la transformación de la humanidad desde la Atlántida hasta la era cristiana nos ofrece el doble espectáculo de un retraso y de un progreso. De un lado la disminución gradual de la clarividencia y de la directa comunión con las fuerzas de la naturaleza y las potestades cósmicas. De otro, el activo desenvolvimiento de la razón y de la inteligecia, a que sigue la conquista material del mundo por el hombre.

En los centros de iniciación, en los lugares donde se emiten los oráculos, una selección continúa sin embargo cultivando la clarividencia y de allí emanan todos los movimientos religiosos y todas las grandes impulsiones civilizadoras.

Pero la clarividencia y las facultades de adivinación disminuyen entre la gran masa humana. Esta transformación espiritual e intelectual del hombre, más atraído cada vez hacia el plano físico, corresponde a una paralela transformación de su organismo. Cuanto más remontamos el prehistórico pasado, más flúida y leve es su envoltura. Luego la solidifica. Simultáneamente el cuerpo etéreo, que sobrepasaba antes el cuerpo físico, es absorbido por éste paulatinamente hasta convertirlo en su duplicación exacta. Su cuerpo astral, su aura radiosa, que antaño se proyectaba a lo lejos como una atmósfera sirviendo a sus percepciones hiperfísicas, a su relación con los Dioses, se concentra también en torno de su cuerpo hasta no constituir más que un cerco nímbeo, que su vida satura y sus pasiones colorean.

Esta transformación comprende millares y millares de años. Se prolonga hacia la segunda mitad del período atlante y todas las civilizaciones de Asia, del Norte de África y de Europa, de las que emanaron indos, persas, caldeos, egipcios, griegos y pueblos norteños de Europa.

Esta involución de las fuerzas cósmicas en el hombre físico era indispensable para su complemiento y su intelectual perfección. Grecia representa el postrero estadio de este **descenso del Espíritu en la materia**. En ella la fusión es perfecta. Sintetiza una expansión maravillosa de la belleza física en un equilibrio intelectual.

Pero este templo diáfano, habitado por hombres semi-divinos, se yergue al borde de un principio donde pululan los monstruos del Tártaro. Momento crítico. Como nada se detiene y es forzoso avanzar o retroceder, la humanidad no podía menos, al llegar a este punto, de hundirse en la depravación y en la bestialidad, o remontar hacia las cimas del Espíritu con redoblada conciencia.

La decadencia griega y, sobre todo, la orgía imperial de Roma presenta el espectáculo, a la vez repugnante y grandioso, de este precipitar del hombre antiguo en el libertinaje y en la crueldad, término fatal de todos los grandes movimientos de la historia.[1]

"Grecia —dice Rodolfo Steiner— realizó su obra dejando tupir gradualmente el velo que recubría su antigua videncia. La raza greco-latina, con su rápida decadencia, señala el más hondo descenso del espíritu en la materia, en el curso de la evolución humana. La conquista del mundo material y el desenvolvimiento de las ciencias positivas lográronse a este precio.

------

[1] Véase la descripción que doy al comienzo de la **Vida de Jesús**.

Como la vida póstuma del alma es halla condicionada por su vida terrestre, los hombres vulgares apenas se remontaban después de su muerte. Llevábanse una porción de sus velos y su existencia astral corría parejas con la vida de las sombras. A ello se refiere la queja del alma de Aquiles en el relato de Homero: "Es preferible ser mendigo en la tierra que rey en el país de las sombras." La misión asignada a la humanidad post-atlante debía forzosamente alejarla del mundo espiritual. Es ley del Cosmos que la grandeza de una parte es a costa, durante un tiempo, de la decadencia de otra." [1]

Era necesaria a la humanidad una formidable transformación, una ascensión hacia las cumbres del Alma para el cumplimiento de sus destinos. Mas para ello hacía falta una nueva religión, más pujante que todas las precedentes, capaz de conmover las masas aletargadas y remover el ente humano hasta sus recónditas profundidades.

Las anteriores revelaciones de la raza blanca habían tenido por entero lugar en los mundos astral y etéreo, y de allí actuaban poderosamente sobre el hombre y la civilización. El cristianismo, advenido de más lejos y descendido de más alto a través de todas las esferas, debía manifestarse hasta en el mundo físico para transfigurarlo, espiritualizándolo, y ofrecer al individuo y a la colectividad la inmediata conciencia de su celeste origen y de

_____

[1] **Bosquejo de la Ciencia Oculta**, por Rodolfo Steiner.

su divino objetivo. No existen, pues, solamente
razones de orden moral y social, sino razones cos-
mológicas que justifican la aparición de Cristo en
la tierra.

Alguna vez, en pleno Atlántico, cuando un viento bajo atraviesa el tempestuoso cielo, vese, en
cierto lugar, condensar las nubes que descienden
inclinadas hacia el Océano en forma de embudo.
Simultáneamente, elévase el mar como un cono
adelantándose al encuentro de la nube. Parece que
toda la masa líquida afluye a este torbellino para
retorcerse y erguirse con él. Súbitamente ambos
extremos se atraen y se confunden como dos bo-
cas... ¡Se ha formado la tromba! El viento atrae
el mar y el mar absorbe el viento. Vórtice de aire
y de agua, columna viva, avanza vertiginosamente
sobre las ondas convulsas juntando, por un instante, la tierra con el cielo.

El fenómeno de Cristo descendiendo del mundo
espiritual al físico a través de los planos astral y
etéreo, semeja un meteoro marino. En ambos casos, las potestades de cielo y tierra se ayuntan y
colaboran en una función suprema. Mas si se forma
la tromba en breves minutos bajo la violencia del
huracán y las corrientes eléctricas, el descenso de
Cristo en la tierra exige millares de años, remon-
tándose su causa primera a los arcanos de nuestro
planetario sistema.

En esta metáfora que trata de definir por medio
de una imagen el papel del Cristo cósmico en

nuestra humanidad, la raza judía representa la
contraparte terrestre, exotérica y visible. Es la porción inferior de la tromba que se remonta atraída
por el torbellino de lo alto. Este pueblo se re-
vuelve contra los demás. Con su intolerancia, su
idea fija, obstinada, escandaliza a las naciones como
la tromba escandaliza a las olas. La idea monoteísta
entre los patriarcas.

Moisés se vale de ella para amasar una nación.
Como el simún levanta una columna de polvo,
junta Moisés a los ibrimos y beduínos errantes para
formar el pueblo de Israel. Iniciado en Egipto,
protegido por un Elohim al que llama Javé, se
impone por la palabra, las armas y el fuego. Un
Dios, una Ley, un Arca, un pueblo para mante-
nerla avanzando durante cuarenta años al través
del desierto, soportando hambres y sediciones, camino de la tierra prometida.

De esta idea potente como la columna de fuego
que precede al tabernáculo, ha salido el pueblo de
Israel con sus doce tribus, que corresponden a los
doce signos del Zodíaco. Israel mantendrá intacta
la idea monoteísta, a pesar de los crímenes de sus
reyes y los asaltos de los pueblos idólatras.

Y en esta idea se injerta, desde el origen, la idea
mesiánica. Ya Moisés moribundo anunció al Salvador final, rey de justicia, profeta y purificador
del universo.

De siglo en siglo, lo proclama la voz infatigable
de los profetas, desde el destierro babilónico hasta

el férreo yugo romano. Bajo el reinado de Herodes, el pueblo judío semeja una nave en peligro cuya tripulación enloquecida encendiera el mástil a manera de fanal que les guiara entre los escollos. Porque en este momento, Israel presenta el espectáculo desconcertante e inaudito de un pueblo pisoteado por el destino y que, medio aplastado, espera salvarse mediante la encarnación de un Dios. Israel debía naufragar, pero Dios encarnó.

¿Qué representa en este caso la trama compleja de la Providencia, de la humana libertad y del Destino? El pueblo judío personifica y encarna en cierto modo la llamada del mundo a Cristo. En él la libertad humana, obstaculizada por el Destino, es decir, por las faltas del pasado, clama a la Providencia para el logro de su salvación. Porque las grandes religiones reflejaron esta predisposición como en un espejo. Nadie alcanza a concretar una definida idea del Mesías, pero los iniciados la habían presentido y anunciado mucho tiempo antes.

Contestó Jesús a los fariseos que le interrogaban sobre su misión: "Antes que Abraham, yo existía." A los apóstoles, temerosos de su muerte, decía estas sorprendentes palabras, jamás pronunciadas por ningún profeta y que aparecerían ridículas en unos labios que no fueran los suyos. "Pasarán cielo y tierra, pero mis palabras no pasarán."

O son tales conceptos divagaciones de alienado o, de lo contrario, poseen una trascendente significación cosmológica. Para la oficial tradición eclesiástica, Cristo, segunda persona de la Trinidad, no abandonó el seno del Padre más que para encarnar en la Virgen María.

Para la tradición esotérica también Cristo es una entidad sobrehumana, un Dios en el amplio sentido de la palabra, la más alta manifestación espiritual por la humanidad conocida. Pero como todos los Dioses, Verbos del Eterno, desde los Arcángeles hasta los Tronos, atraviesa una evolución que perdura durante toda la vida planetaria y por ser la suya única entre las Potestades por completo manifestadas en una encarnación humana, resulta de especial naturaleza.

Para conocer su origen precisa remontar la historia de las razas humanas hasta la constitución del planeta, hasta el primer estremecimiento de luz en nuestra nebulosa. Porque, según la tradición rosicruciana, el Espíritu que habló al mundo bajo el nombre de Cristo y por boca del maestro Jesús, se halla espiritualmente unido al sol, astro-rey de nuestro sistema.

Las Potestades cósmicas han elaborado nuestro mundo bajo la dirección única y de acuerdo con una sapiente jerarquía. Bosquejamos en el plano espiritual tipos y elementos, almas y cuerpos, refléjanse en el mundo astral, vitalízante en el etéreo y se condensan en la materia.

Cada planeta es obra de distinto orden de potestades creadoras, que engendran otras formas de vida. Cada inmensa potestad cósmica, o sea, cada gran Dios tiene por séquito legiones de espíritus que son sus inteligentes obreros.

La tradición esotérica de Occidente considera a Cristo rey de los genios solares. En el instante en que la tierra separóse del sol, los sublimes espíritus llamados εϛουσιαι por Dionisio Areopagita, **Virtudes** por la tradición latina, **Espíritus de la Forma** por Rodolfo Steiner, retiráronse al astro luminoso que acababa de proyectar su núcleo opaco. Eran de una naturaleza harto sutil para gozarse en la densa atmósfera terrestre en que debían debatirse los Arcángeles. Pero, concentrados en torno del aura solar, actuaron desde allí con mucho más poder sobre la tierra, fecundándola con sus rayos y revistiéndola con su manto de verdura. Cristo, devenido regente de estas potestades espirituales, podría titularse Arcángel solar. Cobijado por ellas permaneció mucho tiempo ignorado por los hombres bajo su velo de luz.

La tierra ingente sufrió el influjo de otro Dios cuyas legiones se hallaban entonces centralizadas en el planeta Venus. Esta potestad cósmica se llamó Lucifer, o Arcángel rebelde por la tradición judeocristiana, que precipitó el avance del alma humana en la conquista de la materia, identificando el yo con lo más denso de su envoltura. A causa de ello fue el causante indirecto del mal, pero también el impulsor de la pasión y del entusiasmo, esta divina fulguración en el hombre al través de los tumultos de la sangre. Sin él careceríamos de razón y de libertad y le faltaría al espíritu el trampolín para rebotar hacia los astros.

La influencia de los espíritus luciferianos predomina durante el período lemuriano y atlante, pero desde el comienzo del período ario se hace patente la influencia espiritual que emana del aura solar, que se acrecienta de período en período, de raza en raza, de religión en religión. Así, paulatinamente, Cristo se acerca al mundo terrestre por medio de una radiación progresiva.

Esta lenta y profunda incubación semeja, en el plano espiritual, lo que en el plano físico fuera la aparición de un astro advenido de lo profundo del cielo del que percibiríase, a medida de su acercamiento, el progresado aumento de su disco.

Indra, Osiris, Apolo, se elevan sobre la India, Egipto y Grecia como precursores de Cristo. Luce al través de estos Dioses solares como blanca lumbre tras los vitrales rojos, amarillos o azules de las catedrales. Aparece periódicamente a los contados iniciados como de vez en cuando sobre el Nilo, formando los róseos resplandores del sol poniente que se prolongan hasta el cenit, declina una lejana estrella. Ya resplandece para la aguda visión de Zoroastro bajo la figura de Ahura-Mazda como un Dios revestido con el esplendor del sol. Llamea para Moisés en la zarza ardiente, y fulgura, semejante al rayo, a través de todos los Elohim en medio de los relámpagos del Sinaí. Helo aquí con-

vertido en Adonai, el **Señor**, anunciando así su próxima venida.

Pero esto no era bastante. Para arrancar a la humanidad de la opresión de la materia en la que se hallaba sumergida desde su descenso, faltaba que este Espíritu sublime encarnara en un hombre, que precisaba que el Verbo solar descendiera en cuerpo humano, que se le viera andar y respirar sobre la tierra.

Para encaminar a los hombres por la senda de las altitudes espirituales y mostrarles su célico objetivo, no faltaba más que la **manifestación del divino** Arquetipo en el plano físico. Faltaba que triunfase del mal por el Amor infinito y de la muerte por la esplendorosa Resurrección. Que surgiera intacto, transfigurado y más majestuoso aun del abismo en que se había sumergido.

El redactor del Evangelio según San Juan pudo decir en un sentido a la vez literal y trascendente: "El Verbo fue hecho carne y habitó entre nosotros y vimos su gloria, lleno de gracia y de verdad."

Tal es la razón cósmica de la encarnación del Verbo solar. Acabamos de percibir la necesidad de su manifestación terrestre desde el punto de vista de la evolución divina. Veamos ahora cómo la evolución humana le prepara un instrumento digno de recibirlo.

II

EL MAESTRO JESÚS, SUS ORÍGENES Y DESENVOLVIMIENTO

Una cuestión previa aparece a cuantos quieren evocar, en nuestros días, al verdadero Jesús: la del relativo valor de los cuatro Evangelios.

A todo el que haya penetrado mediante la meditación y la intuición la intrínseca verdad de tales testimonios, de carácter único, le tentará la respuesta a todas las objeciones opuestas por la crítica a la autenticidad de los Evangelios, valiéndose de una palabra de Goethe. Ya en la última época de su vida, díjole un amigo:

—Según las investigaciones, el Evangelio de San Juan no es auténtico.

—¿Y qué es auténtico —respondió el autor de **Fausto**— más que lo eternamente bello y verdadero?

Mediante tan soberbio concepto, el viejo poeta, más sabio que todos los pensadores de su época, colocaba en su respectivo lugar las toscas construcciones de la escuela crítica y puramente documentaria, cuya presuntuosa fealdad ha llegado a ocultar a nuestros ojos la Verdad de la Vida.

Seamos más precisos. Es cosa admitida que los

Evangelios griegos fueron redactados mucho tiempo después de la muerte de Jesús a base de las tradiciones judías que se remontaban directamente hasta los discípulos y testigos oculares de la vida del Maestro. Contengan o no ciertas contradicciones de detalle y aunque nos presenten al profeta de Galilea bajo dos modalidades opuestas, ¿en qué se fundamentan, para nosotros, la verdad y autenticidad de tales escrituras? ¿En la fecha de su redacción? ¿En el cúmulo de comentarios amontonados sobre ellos?

No. Su fuerza y su veracidad reside en la viviente unidad de la persona y de la doctrina que de ellas dimanan, poseyendo por contraprueba el hecho de que tal palabra ha cambiado la faz del mundo y la posibilidad de la nueva vida que puede aún evocar en cada uno de nosotros.

He aquí la soberana prueba de la realidad histórica de Jesús de Nazaret y de la autenticidad de los Evangelios. Lo demás es accesorio. En cuanto a los que, como David Strauss, imitado por algunos teósofos, intentan persuadirnos de que Cristo es un simple mito, "una inmensa patraña histórica", su grotesco pedantismo exige de nosotros más ciega fe que la de los más fanáticos creyentes. Como ha dicho muy bien Rousseau, si los pescadores de Galilea, los escribas de Jerusalén y los filósofos neoplatónicos de Éfeso hubiesen fabricado por entero la figura de Jesús-Cristo que venció al mundo antiguo y ha conquistado a la humanidad moder-

na, resultaría un milagro más ilógico y de más
difícil comprensión que todos los realizados por
Cristo. Para el ocultismo contemporáneo, como
para los iniciados de todo tiempo, son hechos conocidos y averiguados si bien realzados por Él a su
máxima potencia.

Estos milagros materiales eran necesarios para
persuadir a los contemporáneos de Jesús. Lo que
ante nosotros se impone aún hoy con no menos
invencible poderío, es la figura sugerente, es la
incomparable grandeza espiritual de este mismo
Jesús que resurge de los Evangelios y de la conciencia humana más lleno cada vez de vida.

Afirmemos, pues, con Rodolfo Steiner: "La moderna crítica sobre los Evangelios no nos aclara más
que la contraparte externa y materiales detales documentos. Pero nada nos aporta de su esencia. Una
personalidad tan vasta como la de Cristo, no podía
abarcarla uno solo de sus discípulos. Debía reve-
larse a cada cual según sus facultades, al través de
un aspecto distinto de su naturaleza. Supongamos
que sólo tomáramos la fotografía de un árbol por
un solo lado. No tendríamos más que una imagen
parcial. Supongamos, empero, que la tomáramos
desde cuatro distintos puntos de vista. Tendríamos
entonces una imagen completa.

"Lo mismo ocurre con los Evangelios. Cada uno
de ellos corresponde a un distinto grado de iniciación y nos presenta diversamente la naturaleza de
Jesús-Cristo.

"Mateo y Lucas nos describen **preferentemente**
al maestro Jesús, es decir, **la naturaleza humana**
del fundador del cristianismo. Marcos y Juan su-
gieren, por encima de todo, su naturaleza espiritual
y divina.

"Lucas, el evangelista más poético y más .imagi-
nativo, relata **la vida íntima del Maestro. Veía** el
reflejo de su yo en su cuerpo astral. Describe, **en**
conmovedoras imágenes, el poder de amor y de
sacrificio que derramaba su corazón.

"Marcos corresponde **al aura magnética que rodea a Cristo** cuyos rayos se prolongan hasta el
mundo del espíritu. Él nos muestra, sobre todo, su
fuerza milagrosa de terapeuta, su majestad y poderío.

"Juan es por excelencia, **el Evangelio metafísico**.
Su objeto es revelar el divino espíritu de Cristo.
Menos preciso que Marcos y Mateo, más abstracto
que Lucas, carece, al revés de este último, de las
incisivas visiones que reflejan los hechos del mundo
astral. Pero **oye el verbo interior y primordial, la
creadora palabra** que vibra en cada modulación y
en toda la vida de Cristo, proclamando el Evangelio del Espíritu.

"Los cuatro evangelistas representan, pues, los
inspirados y los clarividentes de Cristo, aunque
cada cual lo exprese según sus límites y al través
de su esfera." [1]

---

[1] Esta clasificación de los Evangelios desde su peculiar

La diversidad y la unidad de inspiración de los Evangelios que se complementan y entrefunden como las cuatro etapas de la vida humana, nos demuestran su valor relativo. Relacionando cada uno con lo que representa, se logra penetrar poco a poco en la alta personalidad de Jesús-Cristo que bordea en su fase humana la evolución particular del pueblo judío y en su divina fase, toda la evolución planetaria.[1]

Remontando la ascendencia de Jesús hasta David y Abraham, el Evangelio de Mateo nos le hace descender de los elegidos de la raza de Judá. Su cuerpo físico es la flor suprema de aquel pueblo.

He aquí cuanto precisa retener de este árbol genealógico. Físicamente, el Maestro Jesús debía ser el producto de una larga selección, la filtración de toda una raza.

---

punto de comprensión es un resumen de diversas conferencias del doctor Rodolfo Steiner.

Estas espontáneas vislumbres reciben aquí la luminosa confirmación de la ciencia de un pensador y vidente de primer orden.

Pláceme manifestar por medio de estas líneas mi fervorosa gratitud a tres distinguidos teósofos suizos: señor Oscar Grosheinz, de Berna; Sra. Grosheinz, de Berna; Sra. Grosheinz-Laval y señor Hahn, de Basilea, que me proporcionaron preciosas informaciones sobre algunas conferencias privadas del doctor Steiner.

[1] Remito al lector al libro anterior de Jesús, donde se hace referencia al primordial desenvolvimiento de Jesús y a la expansión de su conciencia.

Pero además del atavismo del cuerpo, existe el del alma. Todo ego humano ha pasado por numerosas encarnaciones precedentes. Las de los iniciados son de especial modalidad, de excepción y proporción ajustada a su grado evolutivo.

A los **nabí**, profetas judíos, los consagraban por lo común sus propias madres a Dios y se les imponía el nombre de Emmanuel o **Dios en sí mismo**. Ello significaba que serían inspirados por el Espíritu. Concurrían aquellos niños a un colegio destinado a los profetas y luego hacían votos para consagrarse a la vida ascética, en el desierto. Se llamaban **Nazarenos** porque dejaban crecer sus cabellos.

Los que se llaman en la Indian **Bodisatvas** tienen muchos puntos de semejanza (teniendo en cuenta todas las diferencias de raza y de religión) con los profetas hebreos que llevaban el nombre de Emmanuel. Eran seres cuya alma espiritual (Bodhi) se hallaba lo suficientemente desenvuelta para relacionarse con el mundo divino durante su encarnación. Un **Buda** era para los indios un Bodisatva que había alcanzado la perfección moral en su última encarnación. Esta perfección suponía una completa penetración del cuerpo por el alma espiritual.

Después de tal manifestación, que ejerce sobre la humanidad una influencia regeneradora y purificadora, no tiene un Buda necesidad de reencarnar otra vez. Entra en la gloria del **Nirvana** o de la **No-Ilusión** y permanece en el mundo divino, desde donde continúa influyendo en la humanidad.

Cristo es más que Bodisatva y más que Buda.
Es una potestad cósmica, el elegido de los Dioses,
el mismo Verbo solar que no toma cuerpo más que
una vez para dar la humanidad su más poderoso
impulso. Un espíritu de tal envergadura no podía
encarnarse en el seno de una mujer y en el cuerpo
de un niño. Este dios no podía seguir, como se hallan obligados los demás hombres, aun los más
elevados, el cerco angosto de la evolución animal
que se reproduce en la gestación del niño por medio de la madre. No podía sufrir, inevitable ley de
toda encarnación, el temporáneo eclipse de la conciencia divina. Un Cristo, directamente encarnado
en el seno de una mujer, hubiera matado a la madre como mató Júpiter a Semele, madre del segundo Dionysos, según la leyenda griega. Necesitaba
para encarnar, un cuerpo adulto, evolucionado por
una raza fuerte hasta un grado de perfección y de
pureza digno del Arquetipo humano, del Adam
primitivo, modelado por los Elohim en la luz in-
creada en el origen de nuestro mundo.

Este cuerpo, elegido entre todos, otorgólo la persona del Maestro Jesús, hijo de María. Pero precisaba aun que desde su nacimiento hasta la edad de
treinta años, época en que debía tomar Cristo posesión de su tabernáculo humano, fuera el cuerpo
del Maestro Jesús templado y afinado por un iniciado de primer orden. De este modo un hombre
casi divino ofrecía su cuerpo en holocausto, como
vaso sagrado, para recibir a Dios hecho hombre.

¿Quién es el gran profeta, ilustre entre los religiosos fastos de la humanidad, al que incumbió esta terrible tarea? Los evangelistas no lo dicen. Pero el Evangelio de Mateo lo indica claramente haciéndolo presentir al través de la más sugestiva de sus leyendas.

El divino Infante ha nacido en la noche embalsamada y plácida de Belén. Pesa el silencio sobre los negros montes de Judá. Sólo los pastores oyen las voces angélicas que bajan del cielo, cuajado de estrellas.

Duerme el Niño en su pesebre. Su madre, extasiada, lo cobija con los ojos. Cuando abre los suyos siente María la hondura hasta la médula, como cuchilla penetrada por este rayo solar que la interroga con espanto. La pobre alma sorprendida, venida de lejos, sumerge a su alrededor una mirada medrosa, pero halla otra vez su perdido cielo en las vibrantes pupilas de su madre. Y el niño duerme de nuevo profundamente.

El evangelista que relata esta escena, ve algo más todavía. Ve las fuerzas espirituales concentradas sobre este grupo en la profundidad del espacio y del tiempo, condensándose para él en un cuadro lleno de majestad y de dulzura.

Llegados del lejano Oriente, tres magos atraviesan el desierto y se encaminan hacia Belén. Detiénese la estrella sobre el establo en que dormita Jesús Niño. Entonces los reyes magos, llenos de júbilo, se postran ante el recién nacido para adorarlo y ofrendarle el homenaje de oro, **incienso y mirra**, símbolos de sabiduría, compasión y **fuerza de voluntad**.

¿Cuál es el significado de esta visión? Eran los **magos** discípulos de Zoroastro, considerándole como su rey. Llamábanse a sí mismos reyes, porque sabían leer en el cielo e influir en los hombres.

Una antigua tradición circulaba entre ellos: su Maestro debía reaparecer en el mundo bajo el nombre de Salvador (**Sosiosch**) y restablecer el reinado de Ormuz. Durante siglos los iniciados de Oriente sustentaron esta predicción de un Mesías.

Por fin se cumplió. El evangelista que nos relata la escena, traduce, en el lenguaje de los adeptos, que los Magos de Oriente dieron la bienvenida, en el infante de Belén, **a una reencarnación de Zoroastro**. Tales son las leyes de la evolución divina y de la psicología trascendente. Tal la filiación de las más elevadas individualidades. Tal el poder que **teje**, con las grandes almas, líneas inmensas sobre la trama de la historia. ¡El mismo profeta que anunciara al mundo el Verbo solar bajo el nombre de Ahura-Mazda desde las cimas del monte **Albordj** y en las llanuras del Irán, debía renacer en **Palestina** para encarnarlo en todo su esplendor!

Por grande que sea un iniciado se eclipsa su conciencia al encarnar bajo el velo de la carne. Se halla forzado a reconquistar su yo superior en su vida terrestre magnificándola con esfuerzos nuevos.

Protegió la niñez y la adolescencia de Jesús su

familia, simple y piadosa. Su alma, replegada sobre sí misma, no halló trabas para su expansión como los silvanos lirios entre las hierbas altas de Galilea. Abría sobre el mundo su mirada clara, pero su vida permanecía herméticamente cerrada. No sabía aún quién era ni qué esperaba.

Pero, como se ilumina a veces el paisaje agreste con súbitas claridades, así se aclaraba su alma con visiones intermitentes.

"Un día, en las azules montañas de Galilea, extasiado entre los blancos lirios de corola violácea que crecen entre hierbajos altísimos, de talla hu?. mana, vio llegar hasta él, desde el fondo de los espacios, una maravillosa estrella. Al aproximarse, se convirtió en un gran sol, en cuyo centro sobresalía una figura humana, fulgurante e inmensa. Aunaba ella la majestad del Rey de Reyes con la dulzura de la Mujer Eterna, porque era Varón por afuera y mujer por dentro." [1]

Y el adolescente, recostado entre el crecido césped, se sintió como suspendido en el espacio por la atracción de aquel astro. Al despertar de su sueño sintióse ligero como una pluma.

¿Qué era, pues, aquella prodigiosa visión que frecuentemente se le aparecía? Asemejábase a las descritas por los profetas, y sin embargo, era distinta. A nadie las comunicaba, pero sabía que contenían su anterior destino y su porvenir.

---

[1] De **Santuarios de Oriente**.

Jesús de Nazaret era de esos adolescentes que sólo se desenvuelven interiormente, sin que nadie lo perciba. La labor interna de su pensamiento se expande en un momento propicio a causa de una externa circunstancia y asombra y conmueve al mundo todo.

Describe Lucas esta fase de desenvolvimiento psíquico. José y María han perdido al niño que paseaba con ellos en los días de fiesta de Jerusalén y, siguiéndolo, lo hallan sentado en medio de los doctores del templo "escuchándolos y haciéndoles preguntas".

A la queja de los afligidos padres, responde: "¿Por qué me buscáis? ¿No sabéis que en los negocios de mi Padre me conviene estar?" Pero ellos no comprendieron a su hijo, añade el evangelista. Por tanto, aquel adolescente penetrado de doble vida se hallaba "sujeto a sus padres y crecía en sabiduría y en edad y en gracia" (San Lucas, II, 41-52).

III

PERMANENCIA DE JESÚS CON LOS ESENIOS — EL BAUTISMO DEL JORDÁN Y LA ENCARNACIÓN DE CRISTO

¿Qué hizo Jesús de los trece a los treinta años?

Los Evangelios no dicen de ello una palabra. Existe ahí una intencionada laguna y un profundo misterio. Porque todo profeta, por grande que sea, necesita pasar por la Iniciación. Precisa desvelar su prístina alma para que se capacite de sus fuerzas y cumpla su nueva misión.

La esotérica tradición de los teósofos de la antigüedad y de nuestros tiempos están contestes al afirmar que sólo los esenios podían iniciar al Maestro Jesús, postrera cofradía en la que todavía subsistían las tradiciones del profetismo y que habitaba en aquel entonces las orillas del Mar Muerto.

Los esenios, de los que Filón de Alejandría ha revelado las costumbres y la doctrina secreta, eran sobre todo conocidos como terapeutas o sanadores mediante los poderes del Espíritu. Asaya quiere decir médico. Los esenios eran médicos del alma.

Los evangelistas guardaron absoluto silencio, tan

profundo como el callado Mar Muerto, sobre la Iniciación del Maestro Jesús, porque así convenía a la humanidad profana. Sólo nos han revelado su último término en el Bautismo del Jordán.

Pero reconocida, por una parte, la individualidad trascendente del Maestro Jesús, idéntica a la del profeta de Ahura-Mazda, y por otra, que el Bautismo del Jordán oculta el formidable Misterio de la encarnación de Cristo, según manifiestan, por medio de interpretables símbolos, que planean sobre el relato evangélico, las ocultas Escrituras, podemos revivir, en sus fases esenciales, esta preparación al más extraordinario acontecimiento de la historia, de modalidad única.

* * *

En la desembocadura del Mar Muerto, el valle del Jordán ostenta el más impresionante espectáculo de Palestina. Nada se le puede comparar.

Descendiendo de las alturas estériles de Jerusalén, percíbese una extensión desolada recorrida por un soplo sagrado que sobrecoge el ánimo. Y, a la primera ojeada, se comprende que los grandes acontecimientos religiosos de la tierra hayan tenido lugar allí.

Una elevada franja de vaporoso azul llena el horizonte. Son las montañas de Moab. Sus cimas mondas se escalonan en domos y cúpulas.

Pero la grandiosa franja horizontal, perdida en

polvaredas de bruma y de luz, domina su tumul-
tuoso Océano, como domina al tiempo la eternidad.

Incomparablemente calva, distínguese la cumbre
del monte Nebo, donde rindió Moisés su alma a
Javé.

Entre los abruptos cimales de Judá y la inmensa
cordillera de Moab se extiende el valle del Jordán,
árido desierto bordeado de praderas y de pomos
arbóreos.

Enfrente se divisa el oasis de Jericó con sus pal-
meras y sus viñedos, altos como plátanos y el tapiz
de césped que ondula en primavera salpicado por
anémonas rojas. Corre el Jordán aquí y allá entre
dunas y arenas blancas para perderse en el Mar
Muerto. Y éste aparece como un triángulo azul entre los elevados promontorios de Moab y de Juda
que se oprimen sobre él como para mejor cobijarlo.

En torno del lago maldito que recubre, según la
bíblica tradición, Sodoma y Gomorra, engullidas
por un abismo de fuego, reina un silencio de muei-
te. Sus aguas saladas y aceitosas, cargadas de asfalto
matan cuanto bañan. Ninguna vela lo surca, ningún pájaro lo cruza. Sobre los guijarros de sus
playas áridas no se encuentra más que pescado muerto o blancuzcos esqueletos de áloes y sicomoros.

Y sin embargo la superficie de esta masa líquida,
color lapislázuli, es un espejo mágico. Varía incesan-
temente de aspecto, como un camaleón. Siniestro y
plomizo durante la tempestad, abre el sol el límpido
azul de sus profundidades y refleja, en imágenes

fantásticas, las colosales arquitecturas de los montes
y el juego de las nubes. Y el lago de la muerte se
convierte en el lago de las visiones apocalípticas.

Este valle del Jordán, tan fértil antaño, devastado
en la actualidad, termina en la angostura del Mar
Muerto como en un infierno sin salida. Semeja
un lugar distante del mundo, lleno de espantables
contrastes. Naturaleza volcánica, frenéticamente conmovida por las potestades productivas y destructivas.

El voluptuoso oasis de Jericó, regado por fuentes
sulfurosas, parece ultrajar, con su soplo tibio, los
convulsionados montes de demoníacas formas. Aquí
mantenía el rey Herodes su harén y sus palacios
suntuosos, mientras que a lo lejos, en las cavernas
de Moab, tronaba la voz de los profetas. Las huellas
de Jesús, impresas sobre aquel suelo, han acallado
los últimos estertores de las urbes infames. Es un
país marcado por el sello despótico del Espíritu.
Todo allí es sublime: su tristeza, su inmensidad y su
silencio. Expira la palabra humana porque no se ha
hecho más que para la palabra de Dios.

Compréndese que los esenios eligieran por retiro
el más lejano extremo del lago, al que llama la Biblia "Mar Solitario". En-Gaddi es una angosta terraza semicircular situada al pie de un acantilado de
trescientos metros, sobre la costa occidental de la
Asfáltida, junto a los montes de Judá.

En el primer siglo de nuestra era, veíanse las
moradas de los terapeutas construidas con tierra
seca. En una estrecha barranca cultivaban el sésa-

mo, el trigo y la vid. La mayor parte de su existencia la pasaban entre la lectura y la meditación.

Allí fue iniciado Jesús en la tradición profética
de Israel y en las concordantes de los magos de
Babilonia y de Hermes sobre el Verbo Solar. Día
y noche, el predestinado Esenio leía la historia de
Moisés y los profetas, pero sólo por medio de la
meditación y de la iluminación interior acrecenta-
das en él, obtuvo conciencia de su misión.

Cuando leía las palabras del Génesis, resonaban
en él como el armonioso tronar de los astros rodan-
do en sus esferas. Y esta palabra creó las cosas, en
cuadros inmensos: "Elohim dice: ¡Hágase la Luz!
Y la Luz se hizo. Elohim separa la Luz de las Tinieblas." Y veía Jesús nacer los mundos, el sol y
los planetas.

Pero una noche, cuando frisaba ya en los treinta
años, llenóle de asombro mientras dormía en su
cueva la visión de Adonai, quien no se le había
aparecido desde su infancia... Entonces, con la
rapidez del rayo, recordó que mil años antes había
sido ya su profeta. Bajo el torrente ígneo que le
invadía, comprendió que él, Jesús de Nazaret, fue
Zoroastro, bajo las cumbres del Albordj. Entre los
arios, había sido el profeta de Ahura-Mazda.

¿Volvía a la tierra para afirmarlo de nuevo? Júbilo, gloria, felicidad inaudita... ¡Vivía y respiraba
en la misma Luz!... ¿Qué nueva misión le enco-
mendaba el temible Dios?

Siguieron semanas de embriaguez silenciosa y

concentrada en las que revivía el Galileo su vida pasada. Luego, dibujó la visión como una nube en el abismo. Y parecióle entonces que abrazaba los siglos transcurridos desde su muerte con el ojo de Ormuz-Adonai. Esto causóle un dolor agudo. Como el lienzo tembloroso de un cuadro inmenso, descorrióse ante él la decadencia de la raza aria, del pueblo judío y de los países greco-latinos. Contempló sus vicios, sus dolores y sus crímenes. Vio la tierra abandonada de los Dioses. Porque la mayoría de los antiguos Dioses habían abandonado a la humanidad pervertida y el Insondable, el Dios-Padre, se hallaba demasiado lejos de la pobre conciencia humana.

Y el Hombre, pervertido, degenerado, moría sin conocer la sed de los Dioses ausentes. La mujer, que necesitaba ver a Dios al través del Hombre, moría al carecer de Héroe, de Maestro, de Dios vivo. Se convertía en víctima o cortesana, como la sublime y trágica Mariana, hija de los Macabeos, que quiso con inmenso amor al tirano Herodes y no halló más que los celos, la desconfianza y el puñal asesino...

Y el Maestro Jesús, errando sobre los acantilados de En-Gaddi oía la lejana pulsación rítmica del lago. Esta voz densa que se amplificaba repercutiendo en las anfractuosidades de las rocas, como vasto gemido de mil ecos, parecía entonces el grito de la marea humana elevándose hasta Adonai para reclamarle un profeta, un Salvador, un Dios...

Y el antiguo Zoroastro, convertido en el humilde

Esenio, también invocaba al Señor ¿Descendería el
Rey de los Arcángeles solares para dictarle su misión? Pero no descendía.

Y en vez de la visión esplendorosa, una negra
cruz se le aparecía en la vigilia y el sueño. Interior
y exteriormente, flotaba ante su presencia. Le acom-
pañaba en la playa, le seguía sobre los grandes
acantilados, erguíase en la noche como sombra gi-
gantesca entre el Mar Muerto y el estrellado cielo.

Cuando interrogaba al impasible fantasma, una
voz respondía desde el fondo de sí mismo:

—Has erigido tu cuerpo sobre el altar de Adonai,
como áurea y marfileña lira. Ahora tu Dios te reclama para manifestarse a los hombres. ¡Él te busca
y te reclama! ¡No escaparás! ¡Ofrécete en holocausto! ¡Abraza la cruz!

Y Jesús temblaba de pies a cabeza.

. . . .

En la misma época, murmullos insólitos pusieron en guardia a los solitarios de En-Gaddi. Dos
esenios que volvían del Jordán anunciaron que
Juan Bautista predicaba el arrepentimiento de los
pecados a orillas del río, entre una turba inmensa.
Anunciaba al Mesías diciendo: "Yo os bautizo con
agua. Aquel que vendrá os bautizará con fuego."
Y la agitación cundía en toda la Judea.

Una mañana, paseaba el Maestro Jesús por la

playa de En-Gaddi con el centenario patriarca de los esenios. Dijo Jesús al jefe de la cofradía:

—Juan Bautista anuncia al Mesías. ¿Quién será?

Contempló el anciano durante largo rato al grave discípulo y dijo:

—¿Por qué lo preguntas si ya lo sabes?

—Quiero escucharlo de tus labios.

—Pues bien, ¡tú serás! Te hemos preparado durante diez años. La luz se ha hecho en tu alma, pero falta todavía la actuación de la voluntad. ¿Te hallas presto?

Por toda respuesta extendió Jesús los brazos en forma de cruz y bajó la cabeza. Entonces el viejo terapeuta se prosternó ante su discípulo y besó sus pies, que inundó con un torrente de lágrimas mientras decía:

—En ti, pues, descenderá el Salvador del mundo.

Sumergido en un terrible pensamiento, el Esenio consagrado al magno sacrificio, lo dejó hacer sin moverse. Cuando el centenario se levantó, dijo Jesús:

—Estoy presto.

Miráronse de nuevo. La misma luz e idéntica resolución brillaban en los húmedos ojos del maestro y en la ardorosa mirada del discípulo.

—Ve al Jordán —dijo el anciano—, Juan te espera para el bautismo. ¡Ve en nombre de Adonai!

Y el Maestro Jesús partió acompañado de dos jóvenes esenios.

* * *

Juan Bautista, en quien quiso reconocer luego Cristo al profeta Elías, representaba entonces la postrera encarnación del antiguo profetismo espontáneo e impulsivo.

Rugía todavía en él uno de aquellos ascetas que anunciaron a los pueblos y a los reyes las venganzas del Eterno y el reinado de la justicia, impelidos por el Espíritu.

Apretujábase en torno de él, como una ola, una multitud abigarrada, compuesta de todos los elementos de la sociedad de entonces, atraída por su palabra poderosa. Había en ella fariseos hostiles, samaritanos entusiastas, peajeros cándidos, soldados de Herodes, barbudos pastores idumeos con sus rebaños de cabras, árabes con sus camellos y aun cortesanas griegas de Séforis atraídas por la curiosidad, en suntuosas literas con su séquito de esclavas.

Acudían todos con sentimientos diversos para "escuchar la voz que repercutía en el desierto". Hacíase bautizar el que quería, pero no se consideraba esto un entretenimiento.

Bajo la palabra imperiosa, bajo la mano ruda del Bautista, se permanecía sumergido durante algunos segundos en las aguas del río. Y se salía purificado de toda mancha y como transfigurado. ¡Pero cuán duro el momento que transcurría! Durante la prolongada inmersión, se corría el riesgo de perecer ahogado. La mayor parte creían morir y perdían el conocimiento. Decíase que algunos habían perecido. Pero eso no había hecho más que interesar más al pueblo en la peligrosa ceremonia.

Aquel día, la multitud que acampaba en torno del recodo del Jordán en donde predicaba y bautizaba Juan, se había revolucionado. Un maligno escriba de Jerusalén, instigado por los fariseos, habíala amotinado, diciendo al hombre vestido de piel de camello: "Un año hace que nos anuncias al Mesías que debe trastornar los poderes de la tierra y restablecer el reinado de David. ¿Cuándo vendrá? ¿Dónde está? ¿Quién es? ¡Muéstranos al Macabeo, al rey de los judíos! Somos muchos en número y armamentos. Si eres tú, dínoslo y guíanos al asalto de los maqueroes, al palacio de Herodes o la Torre de Sión, ocupada por los romanos. Se dice que eres Elías. Pues bien, ¡conduce a la multitud!..."

Se lanzaron gritos, lucieron lanzas. Una amenazadora oleada de entusiasmo y de cólera impulsó a la muchedumbre hacia el profeta.

Ante esta revuelta, echóse Juan encima de los amotinados, con su barbuda faz de asceta y de león visionario, y gritó: "¡Atrás, raza de chacales y de víboras! El rayo de Jehová os amenaza."

Y en la mañana de aquel día emanaron vapores sulfurosos del Mar Muerto. Una nube negra cubrió todo el valle del Jordán, envuelto en tinieblas. Un trueno retumbó a lo lejos.

A aquella voz del cielo que parecía responder a la voz del profeta, la turba, sobrecogida de supersticioso temor, retrocedió, dispersándose en el campamento. En un abrir y cerrar de ojos hízose el vacío en torno del irritado profeta, hasta quedar completamente solo junto a la profunda ensenada donde finge el Jordán un broche entre enramadas de tamarindos, cañaverales y lentiscos.

Al cabo de un rato clareó el cielo en el cenit. Una leve bruma semejante a difusa luz se extendió sobre el valle, ocultando las cumbres y dejando sólo al descubierto las faldas de las montañas que teñía con reflejos cobrizos.

Juan vio llegar a los tres esenios. A ninguno conocía, pero reconoció la orden a que pertenecían por sus blancas vestiduras.

El más joven de los tres se le dirigió diciendo:

—El patriarca de los esenios ruega a Juan el profeta que administre el bautismo a nuestro hermano elegido, al Nazareno Jesús, sobre cuya testa jamás ha pasado el hierro.

—¡Que el Eterno lo bendiga! ¡Que penetre en la onda sacra! —dijo Juan sobrecogido de respeto ante la majestad del desconocido, de elevada talla, bello como un ángel y pálido como un muerto, que avanzaba ante él, con los ojos bajos.

Sin embargo, no se daba cuenta aún el Bautista del sublime Misterio de que iba a ser oficiante.

Titubeó un instante el Maestro Jesús antes de penetrar en el estanque que formaba un leve remanso del Jordán. Luego se sumergió resueltamente en él y desapareció bajo sus ondas.

Tendía Juan su mano sobre el agua limosa mur-

murando las palabras sacramentales. En la orilla opuesta, presas de mortal angustia, los dos esenios permanecían inmóviles.

No se permitía ayudar al bautizado a salir del agua. Creíase que un efluvio del Divino Espíritu entraba en él por influjo de la mano del profeta y el agua del río. La mayoría salían reavivados de la prueba. Algunos murieron y otros enloquecían como posesos. A éstos se les llamaba endemoniados.

¿Por qué tardaba Jesus en salir del Jordán donde el siniestro remanso continuaba burbujeando en el lugar fatídico?

En aquel momento, en el silencio solemne, tenía lugar un acontecimiento de trascendencia incalculable para el mundo. Si bien lo presenciaron millares de invisibles testigos, sólo lo vieron cuatro sobre la tierra: ambos esenios, el Bautista y el mismo Jesús.

Tres mundos experimentaron como el surcar de un rayo proveniente del mundo espiritual, que atravesó la atmósfera astral y la terrena hasta repercutir en el físico mundo humano. Los terrestres actores de aquel drama cósmico fueron afectados en diversa forma, aunque con idéntica intensidad.

¿Qué pasó desde el primer momento en la conciencia del Maestro Jesús? Una sensación de ahogo bajo la inmersión, seguida de una convulsión terrible. El cuerpo etéreo se desprende violentamente de la envoltura física. Y durante algunos segundos, toda la vida pasada se arremolina en un caos. Luego un alivio inmenso y la oscuridad de la inconsciencia.

El Yo trascendente, el alma inmortal del Maestro Jesús, ha abandonado para siempre su cuerpo físico sumergida de nuevo en el aura solar que la aspira.

Pero simultáneamente, por un movimiento inverso, el Genio solar, el Ser sublime que llamamos Cristo, se apodera del abandonado cuerpo y se posesiona de él hasta la médula, para animar con nueva llama esta lira humana preparada durante centenares de generaciones y por el holocausto de su profeta.

¿Fue este acontecimiento lo que hizo fulgurar el cielo azul con el resplandor de un rayo? Los dos esenios contemplaron, iluminado, todo el valle del Jordán. Y ante su lumbre cegadora, cerraron los ojos como si hubieran visto un esplendoroso Arcángel precipitarse en el río, la cabeza baja, dejando tras sí miríadas de espíritus, como un reguero de llamas.

El Bautista nada vio. Aguardaba, con profunda angustia, la reaparición del sumergido. Cuando por fin el bautizado salió del agua, un escalofrío sagrado recorrió el cuerpo de Juan, porque de el del Esenio parecía chorrear la luz, y la sombra que velaba su semblante habíase trocado en majestad serena. Un resplandor, una dulzura tal emanaba de su mirada, que, en un instante, el hombre del desierto sintió que desaparecía toda la amargura de su vida.

Cuando, ayudado de sus discípulos, revistió otra

vez el Maestro Jesús el manto de los esenios, hizo al profeta merced de su bendición y despedida. Entonces Juan, sobrecogido de súbito transporte, vio la inmensa aureola que flotaba en torno del cuerpo de Jesús, sobre su cabeza, milagrosa aparición, vio planear una paloma de incandescente luz semejante a fundido argento al salir del crisol.

Sabía Juan, por la tradición de los profetas, que la Paloma Yona simboliza, en el mundo astral, el Eterno-Femenino celeste, el Arcano del amor divino, fecundador y transformador de almas, al que llamarían los cristianos Espíritu Santo.

Simultáneamente oyó, por segunda vez en su vida, la Palabra primordial que resuena en los arcanos del ser y que lo había impulsado antaño hacia el desierto, como toque de trompeta. Ahora retumbaba como un tronar melodioso. Su significado era: "He aquí a mi Hijo bienamado: **hoy lo he engendrado.**[1] Solamente entonces comprendió Juan que Jesús era el Mesías predestinado.

Vio cómo se alejaba, a pesar suyo. Seguido de

---

[1] Léase esta postrera alusión en el primitivo Evangelio hebreo y en los antiguos textos de los sinópticos. Más tarde se substituyó por la que se lee ahora: "Este es mi Hijo muy amado en quien he puesto todo mi afecto", lo que aparece como vana repetición.

Precisa añadir que en el sagrado simbolismo, en esta **oculta escritura** adaptada a los Arquetipos del mundo espiritual, la sola presencia de la mística Paloma en el bautismo de Juan indica la encarnación de un Hijo de Dios.

sus dos discípulos, atravesó Jesús el campamento, donde pululaban, mezclados, camellos, asnos, literas de mujeres y rebaños de cabras, elegantes seforianas y rudos moabitas, dispersos entre abigarrado gentío.

Cuando hubo desaparecido Jesús, creyó ver aún el Bautista flotar en los aires la aureola sutil cuyos rayos se proyectaban en la lejanía. Entonces el profeta entristecido sentóse sobre un montículo de arena y ocultó su frente entre las manos.

Advenía la noche, con sereno cielo. Enardecidos por la actitud humilde del Bautista, los soldados de Herodes y los peajeros conducidos por el emisario de la sinagoga, se acercaron al rudo predicador. Inclinado sobre él, el astuto escriba dijo con sarcasmo:

—Vamos a ver. ¿Cuándo nos vas a mostrar al Mesías?

Juan contempló severamente al escriba y sin levantarse contestó:

—¡Insensatos! ¡Acaba de pasar entre vosotros!... ¡y no lo habéis reconocido!

—¿Qué dices? ¿Es acaso ese Esenio el Mesías? Entonces, ¿por qué no le sigues?

—No me está permitido. Es preciso que él crezca mientras yo disminuya. Se acabó mi tarea. No predicaré más... ¡Id a Galilea!

Un soldado de Herodes, una especie de Goliat con semblante de verdugo que respetaba al Bautista y se complacía oyéndole, murmuró alejándose con piadosa amargura:

—¡Pobre hombre! ¡Su Mesías lo ha puesto enfermo!

Pero el escriba de Jerusalén partió riéndose a grandes carcajadas, gritando:

—¡Qué imbéciles sois! Se ha vuelto loco... ¡Os habréis convencido de que he obligado a callar a vuestro profeta!

* * *

Tal fue el descenso del Verbo Solar en el Maestro Jesús.

Hora solemne, capital momento de la Historia. Misteriosamente —y con qué inmenso amor— las divinas potestades actuaron desde lo alto durante milenios, para cobijar al Cristo y lograr que luciera para la humanidad al través de otros Dioses.

Vertiginosamente —y con qué frenético deseo— el océano humano alzóse desde sus profundidades como un torbellino valiéndose del pueblo judío para formar en su cima un cuerpo digno de recibir al Mesías.

Y por fin se cumplió el deseo de los ángeles, el sueño de los magos, el clamor de los profetas.

Juntáronse ambas espirales. El torbellino del amor divino unióse al torbellino del dolor humano. Se formó la tromba.

Y, durante tres años, el Verbo Solar recorrerá la

tierra a través de un cuerpo lleno de fortaleza y de
gracia, para probar a todos los hombres que Dios
existe, que la Inmortalidad no es una palabra
vana y que los que aman, creen y esperan, pueden
alcanzar el cielo al través de la muerte y de la
Resurrección.

IV

RENOVACIÓN DE LOS MISTERIOS ANTI-GUOS POR LA VENIDA DE CRISTO — DE LA TENTACIÓN A LA TRANSFIGURACIÓN

Tratemos de definir la constitución del ser sublime, de naturaleza única, salido del bautismo del Jordán.

El hijo de María, el Maestro Jesús, el Iniciado Esenio que cedió al Cristo su cuerpo físico, ofrecióle al propio tiempo sus cuerpos etéreo y astral. Triple envoltura admirablemente armonizada y evolucionada.

A través de ella, el Verbo Solar que habló astralmente a Zoroastro y en cuerpo etéreo a Moisés bajo la forma de Elohim, hablará a los hombres al través de su hombre de carne y hueso. Faltaba eso para animarlos y convencerlos. ¡Tal opacidad oponían a la luz del alma y tal sordera a la palabra del Espíritu!

Muchas veces, bajo diversas formas, se manifiestan los Dioses a los hombres desde el período atlante hasta los tiempos heroicos de Judea y de

Grecia. Inspiraron a los rishis, iluminaron a los profetas, protegieron a los héroes.

Con el Cristo apareció por vez primera un Dios por completo encarnado en cuerpo de hombre. Y este fenómeno sin par en la Historia, se produjo en el céntrico instante de la evolución humana, es decir, en el punto inferior de su descenso en la materia.

¿Cómo remontará desde el oscuro abismo a las claras cumbres del Espíritu? Precisa para ello el formidable impulso de un Dios hecho hombre. Realizado el impulso, continuará la acción del Verbo sobre la humanidad por medio de su efluvio. Pero no será ya necesaria su encarnación.

De ahí el maravilloso organismo del ser que hubo por nombre Jesús-Cristo. Por sus sensaciones, se sumerge en la carne; por sus pensamientos se remonta a los Arquetipos. En cada soplo suyo respira la Divinidad. La totalidad de su conciencia es continua en esta palabra que tan a menudo acude a sus labios: "Mi Padre y yo somos uno."

Pero al mismo tiempo se halla unido a los sufrimientos de la humanidad con invencible ternura, por el inmenso amor que le hizo aceptar libremente su misión.

Su alma es una llama viva que emana de la perpetua combustión de lo humano por lo divino. Con esto puede uno capacitarse del poderío irradiador de semejante ser.

Envolvía su aura humana una vasta aureola ce-

leste que le permitía comunicar con todas las potestades espirtuales. Su pensamiento no tropieza
jamás en las escabrosas sendas del razonamiento,
sino que brota con el fulgor del rayo de esta cén-
trica Verdad que lo abarca todo.

Atraídas por esta fuerza primordial, precipítanse
las almas hacia Él y vibran y renacen bajo sus
rayos. El objeto de su misión consiste en espiritua-
lizar la tierra y el hombre, elevándolos a un estadio
superior de evolución. El medio será a la vez moral
e intelectual. Moral, por la expansión amorosa de
este sentimiento de universal fraternidad que de Él
emana como de un manantial inagotable. Intelectual y espiritual por la puerta que conduce a todas
las almas anhelosas de Verdad hacia los Misterios.

Así, en el transcurso de los tres años que duró
su obra, inicia Cristo simultáneamente a su comunidad en la doctrina moral y a los apóstoles en los
antiguos Misterios que Él rejuvenece y renueva,
perdurándolos.

Pero al contrario de lo que acaeciera en Persia,
en Egipto, Judea y Grecia, esta Iniciación, reservada antaño a unos cuantos elegidos, se propaga a
la luz del día mediante reuniones públicas, para
que la humanidad entera participe de ella.

"La vida real de Jesús —dice Rodolfo Steiner—
fue un acontecimiento histórico de lo que antes
ocurría dentro de la Iniciación. Lo que hasta entonces permaneciera enterrado en el misterio del

templo, debía por El recorrer la escena del mundo con incisivo realismo. La vida de Jesús es, pues, una pública confirmación de los Misterios."

LA TENTACIÓN DE CRISTO

Aunque era Dios por esencia, debía Cristo atravesar por sí mismo la primera etapa de la evolución antes de comenzar su ministerio

No le es posible al hombre ordinario adquirir la visión del mundo astral más que preparando su doble inferior que la oculta a su percepción. La tradición oculta lo llama **Guardián del Umbral** y lo simboliza la leyenda bajo la forma del Dragón. Es una astral condensación de todas las precedentes encarnaciones bajo un aspecto impresionante y terrorífico. No se puede disipar este fantasma que obstaculiza el paso al mundo espiritual más que extirpando del alma los últimos vestigios de las bajas pasiones.

Cristo, el puro Genio solar, no poseía doble inferior ni se hallaba sujeto al **Karma**. Limpio de toda mancha, no se había jamás separado de Dios. Pero la humanidad en medio de la que penetrara Cristo, poseía su **Guardián del Umbral**, es decir, la potestad cósmica que había impulsado su evolución precedente precipitándola en el cerco de la materia y, merced a la cual había conquistado la conciencia individual.

Es la potestad que al presente oculta a la mayoría de los hombres el mundo del Espíritu. La Biblia lo llama Satán, que corresponde al Arimán persa. Arimán es la sombra de Lucifer, su proyección y su contraparte inferior en los bajos mundos, el Daimón que ha perdido su divina conciencia, convertido en genio de las tinieblas, mientras Lucifer, a pesar de su caída, continúa siendo potencialmente el portaluz, actualizándose algún día.

He aquí por qué debía Cristo vencer a Arimán en el aura magnética de la tierra antes de dar principio a su misión. Ello justifica su ayuno de cuarenta días y las tres pruebas compiladas en tres imágenes en el Evangelio según Mateo.

El príncipe de este mundo somete sucesivamente a Cristo a la tentación de los sentidos (por medio del hambre), a la del temor (mostrándole el abismo en que intenta precipitarle), a la del poder absoluto (ofreciéndole todos los reinos de la tierra). Y por tres veces, reacciona Cristo en nombre de la palabra de Verdad que le habla y resuena en su interior como la armonía de las esferas.

Mediante esta invencible resistencia, vence a Arimán, que retrocede con sus innúmeras legiones ante el Genio Solar.

Se ha abierto una brecha en la tenebrosa envoltura que recubre la tierra. Se ha abierto de nuevo el portal del alma humana. Cristo ya puede entrar.

* * *

En la educación que da Cristo a su comunidad, encontramos otra vez las cuatro etapas de la antigua Iniciación, formuladas por Pitágoras en la siguiente forma: 1ª **Preparación** o instrucción, παρασχειη; 2ª **Purificación**, χαναρσις; 3ª **Epifanía** o iluminación, τελειωτης; 4ª **Suprema Visión** o síntesis, επφανια.[1]

Los dos primeros grados de esta Iniciación se destinaban al pueblo, es decir, a la totalidad, y se administraban junta y simultáneamente. Los dos últimos se reservaban a los apóstoles y particularmente a tres de ellos, administrándoselos gradualmente, hasta el fin de su vida.

Esta renovación de los antiguos Misterios representa, en un aspecto, una vulgarización y una continuación y por otra parte predisponían y capacitaban para la videncia sintética por medio de una más elevada espiritualidad.

PRIMER GRADO: PREPARACIÓN

EL SERMÓN DE LA MONTAÑA Y EL REINO DE DIOS

Comienza la labor de Cristo por el idilio de Galilea y el anuncio del "Reino de Dios".

Esta predicación nos muestra su enseñanza popular y significa a un tiempo preparación para los más sublimes Misterios que gradualmente revelará

---

[1] Léase **Pitágoras**.

a los apóstoles, es decir, a sus más allegados discípulos. Corresponde a la preparación moral en los antiguos Misterios.

Pero no nos hallamos ya en los templos ni en las criptas. La Iniciación galilea tiene por escenario el lago de Genezaret, de claras aguas, sustentadoras de peces múltiples. Los jardines y boscajes de sus orillas, sus montañas azules de matices violáceos, cuyas vastas ondulaciones cercan el lago como copa de oro, todo este paraíso embalsamado por plantas silvestres, forma el más rotundo contraste con el infernal paisaje del Mar Muerto.

Este cuadro, con la multitud inocente y cándida que lo habita, era necesario al comienzo de la misión del Mesías. El Dios encarnado en el cuerpo de Jesús de Nazaret, sustenta un divino plan gestado durante siglos en líneas vastas como rayos solares.

Ahora que es hombre y cautivo de la tierra, el mundo de las apariencias y de las tinieblas, precisa buscar la aplicación de aquel plan, paso a paso, grado por grado, sobre su pedregosa senda.

Se hallaba bien parapetado para ello. Leía en las conciencias, atraía a los corazones. Con una mirada penetraba en las almas, leyendo en sus destinos. Cuando decía al pescador Pedro, mientras aparejaba sus jarcias sobre la playa: 'Sígueme y te convertiré en pescador de hombres", Pedro se levanta y le sigue.

Cuando aparece, en el crepúsculo, con su blanco manto de esenio, con la peculiar aureola que le circundaba, Santiago y Juan le preguntan: "¿Quién eres?" Y Él responde sencillamente: "Venid a mi Reino." Y ellos van.

Ya le sigue un cortejo de pescadores, de peajeros, de mujeres jóvenes y viejas, al través de pueblos, campos y sinagogas.

Y helo aquí predicando sobre la montaña, a la sombra de una grande higuera: ¿Qué dice? "Bienaventurados los pobres en espíritu, porque de ellos es el Reino de los Cielos. Bienaventurados los afligidos, porque serán consolados. Bienaventurados los que han hambre y sed de justicia, porque serán colmados. Bienaventurados los de corazón puro, porque verán a Dios."

Estas verdades impregnadas de la voz intensa y la mirada del Maestro, no se dirigen a la razón, sino al sentimiento puro. Penetran en las almas como célico rocío sustentando mundos. Contienen todo el misterio de la vida espiritual y la ley de las compensaciones que enlaza las vidas.

Los que reciben estas verdades no miden su alcance, sino que penetran su sentido con el corazón, bebiéndolas como licor que embriaga. Y cuando el Maestro añade: "El Reino de los Cielos se halla dentro de vosotros", una flor de júbilo se abre en el corazón de las mujeres como una rosa prodiga todo su perfume al impulso del viento.

La palabra de fraternidad por cuyo medio se suele definir la enseñanza moral de Cristo, es harto insuficiente para expresar su esencia.

Una de sus características es el **entusiasmo** que provoca y la **fe** que exige. "Con el Cristo algo insólito penetra en el humano **yo**, algo que le permite percibir, hasta las últimas profundidades de su alma, este mundo espiritual no percibido hasta entonces más que mediante los cuerpos etéreo y astral.

"Antes, tanto en la civilización espontánea como en los Misterios, había siempre parte de inconsciencia. El Decálogo de Moisés, por ejemplo, no habla más que al cuerpo astral y se presenta bajo la forma de **Ley**, no de **Vida**. La **Vida** del **Amor** no entra en la humanidad más que por medio de Cristo. También Buda aportó al mundo la doctrina del Amor y de la Piedad. Pero su misión consistía en inculcarla mediante el razonamiento.

"Cristo es el Amor en persona y trae con él el Amor.

"Su sola presencia lo actualiza potentemente, irresistiblemente, como radiante sol.

"Existe una diferencia entre la comprensibilidad de un **pensamiento** y la **fuerza** que nos inunda como un torrente de vida. Cristo aportó al mundo la **Substancia del Amor** y no solamente la **Sabiduría del Amor**, dándose, vertiéndose por entero en la humanidad." [1]

De ahí proviene la índole de **fe** que reclama

---

[1] Rodolfo Steiner, **Conferencias de Basilea sobre el Evangelio de Lucas**.

Cristo a los suyos. La fe, en el sentido del Nuevo Testamento, como harto a menudo pretenden los llamados ortodoxos, no significa una adhesión y una sumisión ciega de la inteligencia a dogmas abstractos e inmutables, sino una convicción del alma y una plenitud de amor capaces de desbordar de un alma para verterse en otra. Es una perfección que se comunica. Cristo ha dicho: "No basta que deis a los que os pueden devolver. Los peajeros hacen lo mismo. Ofreced a aquéllos que no puedan corresponderos." "El amor de Cristo es un amor desbordante y sumergente." [1]

Tal es la predicación de este "Celeste Reino" que reside en la vida interior y que a menudo compara el Divino Maestro a un grano de mostaza. Sembrado en tierra convertiráse en erguida planta que a su vez producirá semillas a millares.

Este celeste reino que subyace en nosotros contiene en germen todo lo demás. Ello basta a los sencillos, a los que Jesús dirá: "Bienaventurados los que no vieron y creyeron."

La vida interior contiene en sí la felicidad y la fuerza. Pero en el pensamiento de Cristo no es más que la antesala de un más vasto reino de infinitas esferas: el reino de su Padre, el mundo divino cuya senda quiere abrir de nuevo a todos los hombres y dar la esplendorosa visión a sus elegidos.

---

[1] Rodolfo Steiner, **Conferencias de Basilea sobre el Evangelio de Lucas**.

Esperando, la ingente comunidad que rodea al Maestro se acrecienta y viaja con Él, acompañándole de una orilla a otra del lago, bajo los naranjales del llano y los almendros de los alcores, entre los trigos maduros y los blancos lirios de violada corola que salpican las hierbas de las montañas.

Predica el Maestro el Reino de Dios a las multitudes desde una barca amarrada junto al puerto, en las diminutas sinagogas o bajo los grandes sicomoros del camino.

La turba le llama ya el Mesías aun sin comprender el alcance de este nombre e ignorando hacia dónde les conducirá. Pero Él está allí y esto les basta.

Tan sólo las mujeres presienten quizá su naturaleza sobrehumana y, adorándolo con amor lleno de ímpetus y turbaciones, alfombran su camino con flores. Él mismo gozaba en silencio, a manera de un Dios, de esta terrestre primavera de su Reino.

Humanízase su divinidad y enternece frente a todas aquellas almas palpitantes que esperan de Él la salvación, mientras va desentrañando sus entremezclados destinos adivinando su porvenir. Sentía el gozo de esta floración de las almas como el callado esposo de las bodas de Caná gozaba de la esposa silente y perfumada en medio de su séquito de paraninfos.

Según los Evangelios, un dramático episodio proyecta su sombra en las ondas solares que cabrillean sobre esta primavera galilea. ¿Es el primer asalto de las fuerzas hostiles que actúan contra Cristo desde lo invisible?

Cuando cierto día atravesaban el lago, desencadenóse una de las terribles borrascas tan frecuentes en el mar de Tiberíades. Dormía Jesús en la popa. ¿Hundiríase la bamboleante nave? Despertaron al Maestro, quien con los brazos tendidos calmó las olas mientras el esquife, con viento propicio, hendía el hospitalario puerto.

He aquí al menos lo que nos relata Mateo. ¿Qué se opone a su veracidad?

El Arcángel solar, en directa comunicación con las potestades que gobiernan la terrena atmósfera, pudo muy bien proyectar su voluntad, como mágico círculo, en el torbellino de Eolo. Pudo trocar en azul el oscuro cielo y crear por un instante durante la tormenta el **ojo de la tempestad** con el corazón de un Dios.

¿Realidad o símbolo? En ambos casos, verdad sublime. Dormía Cristo en la pesquera barca en el seno de las olas irritadas. ¡Qué soberbia imagen de la paz del alma consciente de su divina patria en medio de los rugientes elementos y de las pasiones desencadenadas!

SEGUNDO GRADO DE LA INICIACIÓN: PURIFICACIÓN

CURACIONES MILAGROSAS
LA TERAPÉUTICA CRISTIANA

En todos los Misterios antiguos sucedía a la preparación moral e intelectual una purificación del alma encaminada a desenvolver nuevos órganos que capacitaban, por consiguiente, para ver el divino mundo.

Era en esencia una purificación de los cuerpos astral y etéreo. Con el Cristo, repetimos, descendió la Divinidad, atravesando los planos etéreo y astral hasta llegar al físico. Por tanto, su influencia se ejercía aún sobre el cuerpo físico de sus fieles, al través de los otros dos, transformando de esta manera todo su ser, desde lo más bajo a lo más alto. Su influjo, atravesando las tres esferas de vida, borboteará en la sangre de sus venas alcanzando las cumbres del alma.

Porque Cristo es a la vez médico del cuerpo y del alma. De ahí esta nueva terapéutica de inmediatos efectos, deslumbrantes y trascendentes. Magnífico ejemplo jamás igualado sobre cuyas huellas andarán los creyentes del Espíritu.

El esotérico concepto del milagro no se fundamenta en un truncamiento o en una tergiversación de las leyes de la naturaleza, sino en una acumulación de fuerzas dispersas en el Universo sobre un punto dado y en una aceleración del proceso vital de los seres. Antes que lo realizara Cristo, milagros análogos se habían operado ya en los santuarios de Asia, Egipto y Grecia, en el de Esculapio en Epidauro, entre otros, como atestiguan inscripciones múltiples.

Sin embargo, los milagros de Cristo se caracterizan por su intensidad y moral trascendencia. Pa-

ralíticos, leprosos, endemoniados o ciegos, sienten
los enfermos, una vez curados, transformada el alma. Restablécese el equilibrio de las fuerzas en su
cuerpo por el flúido del Maestro, pero simultáneamente les ha otorgado su divina belleza el rayo de
la esperanza y su amor la lumbre de la fe. Su contacto con Cristo repercutirá en todas sus existencias
futuras.

Lo justifica la cura del paralítico. Treinta años
estuvo esperando junto al estanque de Betesta sin
lograr sanar. Díjole simplemente Cristo: "Leván-
tante y anda." Y se levantó. Después le dijo al
enfermo curado: "Ve y no peques más."

"Amor transformado en acción, he aquí el don
de Cristo. Lo reconoció Lucas como médico del
cuerpo y del alma, porque también ejerció él la
medicina practicando el arte de sanar por medio
del Espíritu. Por ello pudo comprender la terapéutica de Jesús. Al través de Lucas aparecen las elevadas enseñanzas del Budismo como rejuvenecidas
por un manantial de Juventud." [1]

TERCER GRADO DE LA INICIACIÓN: ILUMINACIÓN

LA RESURRECCIÓN DE LÁZARO

Se admite generalmente, en nuestros días, la opinión de que Jesús trajo únicamente el Reino de

_____

[1] Rodolfo Steiner, **Conferencias de Basilea sobre el Evangelio de Lucas.**

Dios para los sencillos, ofreciendo a todos una enseñanza única, acabando con ello todo Misterio.

Nuestra época, que ha creído encontrar ingenuamente una nueva religión en la democracia, ha intentado circunscribir al más grande de los Hijos de Dios a este ideal mezquino y grotesco, consistente en el derrumbamiento de los elegidos, de los que sobrepujan la generalidad. El más ilustre de sus biógrafos, ¿no se ha creído en el deber de dar a Jesús, no lejos de nuestros días, el más absurdo de los epítetos llamándolo "amable demócrata"?

Ciertamente intentó Jesús facilitar la verdadera senda a todas las almas de buena voluntad, pero sabía también que era necesario dosificar la verdad según el grado de las inteligencias. El buen sentido por sí solo excusa la creencia de que un espíritu de tal profundidad desconociera la ley de la jerarquía que rige el universo, la naturaleza y los hombres. Los cuatro Evangelios refutan la opinión de que la doctrina de Cristo carece de grados y de misterios.

Solicitando los apóstoles a Jesús por qué habla al pueblo por medio de parábolas, responde: "Porque a vosotros os es dado conocer **los Misterios del Reino de los Cielos**. Pero a ellos no les es dado. Porque al que ya posea, más se le dará. Pero al que de todo carezca se le despojará de lo dado." (Mateo, XIII, 10 y 11.) Significa esto que **la verdad consciente**, es decir, **cristalizada por medio del pensamiento** no se destruye, y se convierte en centro de atracción para las nuevas verdades, mientras que

la **verdad flotante e instintiva** se esteriliza y desper-
dicia bajo la multiplicidad de impresiones. Cristo
tuvo su doctrina secreta reservada a los apóstoles,
a la que llamaba "Misterios del Reino de los
Cielos".

Pero hay más todavía. Contemplada de cerca la
jerarquía, se acentúa y escalona conforme a los cuatro grados de la Iniciación clásica. 1º En primer
lugar **el pueblo**, al que otorga la enseñanza moral
bajo la forma de símiles y parábolas. 2º Siguen
luego los **setenta**, que recibieron la interpretación
de aquellas parábolas. 3º Luego los **doce apóstoles**,
iniciados en los "Misterios del Reino de los Cielos".
4º Y entre ellos los tres elegidos: Pedro, Santiago
y Juan, iniciados en los más profundos Misterios
del mismo Cristo, los únicos que presenciaron la
Transfiguración. Y aun es necesario añadir a todo
eso que, entre estos últimos, Juan era el único
epopto verdadero según los Misterios eleusinos y
pitagóricos, es decir, **un vidente con la comprensión de cuanto ve**.

Y en efecto, el Evangelio de Juan revela, desde
el principio al fin, la índole de la más elevada Iniciación. La Palabra creadora, "la Palabra que fue
con Dios en el principio y **que es Dios mismo**" vibra
allí desde los primeros versículos como la armonía
de las esferas, eterna moldeadora de los mundos.

Pero al lado de esta metafísica de Padre, Hijo y
Espíritu Santo, que es a manera del **leitmotiv** de
todo el Evangelio, en el que se ha señalado preci-

samente la influencia alejandrina en lo que concierne a la forma que envuelve las ideas, hallamos en
el Evangelio de Juan una familiaridad y un realismo emocionante, incisivos y sugerentes detalles que
manifiestan una especial intimidad entre Maestro
y discípulo. Percíbese esta característica en todo el
relato de la Pasión y más particularmente en todas
las escenas de Betania, de las que la más impor-
tante es la resurrección de Lázaro.

Lázaro, al que Juan designa simplemente como
hermano de Marta y de María de Betania, es el
más singular y enigmático de todos los personajes
evangélicos. Sólo Juan lo menciona; los sinópticos
lo desconocen. No aparece más que en la escena
de la resurrección. Operado el milagro, desaparece
como por escotillón. Y sin embargo, integra el
grupo más inmediato a Jesús, entre los que le
acompañan hasta la tumba.

Y ello sugiere una doble e involuntaria pregunta: ¿Quién es esta vaga individualidad de Lázaro
que atraviesa como un fantasma entre los demás
personajes tan definida y vivamente dibujados en
el teatro evangélico? ¿Qué significa por otra parte
su resurrección?

Según la conocida tradición, Cristo no tuvo otra
idea, al resucitar a Lázaro, que demostrar a los
judíos que Él era el Mesías. No obstante, este hecho relega el Cristo al nivel de un taumaturgo
vulgar. La crítica moderna, siempre presta a negar
rotundamente cuanto le estorba, zanja la cuestión

declarando que aquel milagro es, como todos los
demás, fruto de la imaginación popular, que equivale a decir, según otros, que toda la historia de
Jesús no es otra cosa que una leyenda fabricada a
deshora y que Cristo no existió nunca.

Añadamos a ello que la idea de la resurrección
es el meollo del pensamiento cristiano y el funda-
mento de su impulso. Precisa justificar esta idea
según las leyes universales, tratando de compren-
derla e interpretarla. Suprimirla pura y simplemente, significaría despojar al cristianismo de su
lumbre y de su fuerza. Sin alma inmortal, carece
de palanca.

La tradición rosicruciana nos proporciona, respecto a este turbador enigma, una solución tan
osada como luminosa.[1] Porque simultáneamente
hace salir a Lázaro de su penumbra revelando al
propio tiempo el carácter esotérico, la verdad trascendente de su resurrección.

Para cuantos desgarraron el velo de las apariencias, Lázaro no es más que Juan, el apóstol. Si
no lo ha confesado, debido es a una especie de
delicado pudor y por la admirable modestia que
caracteriza a los discípulos de Jesús. El deseo de no
sobrepujar a sus propios hermanos, le privó de
revelar a través de su mismo nombre el mayor
acontecimiento de su vida, que le convirtió en un

---

[1] Véase **El Misterio Cristiano y los antiguos Misterios**, por
Rodolfo Steiner.

Iniciado de primer orden. Ello justifica el antifaz de Lázaro con que se encubre en aquella circunstancia el apóstol Juan.

Por lo que a su resurrección se refiere, toma por este mismo hecho un carácter nuevo y se nos revela como la fase capital de la antigua Iniciación correspondiente al tercer grado.

En Egipto, después de hallarse sometido el iniciado a prolongadas pruebas, lo sumía el hierofante en letárgico sueño, permaneciendo durante tres días yacente en un sarcófago, en el interior del templo.

Durante este período el yerto cuerpo físico denotaba todas las apariencias de la muerte, mientras el cuerpo astral, por completo liberado, se expandía libremente en el Cosmos. Desprendíase asimismo el cuerpo etéreo, asiento de la memoria y de la vida a semejanza del astral, aunque sin abandonarlo completamente, porque ello implicaría la inmediata muerte.

Al despertar del estado cataléptico provocado por el hierofante, el individuo que salía del sarcófago ya no era el mismo. Su alma viajó por el otro mundo y lo recordaba. Se había convertido en un verdadero Iniciado, en un engranaje de la mágica cadena "asociándose según una antigua inscripción al ejército de los grandes Dioses".

Cristo, cuya misión consistió en divulgar los Misterios a los ojos del mundo, engrandeciendo sus umbrales, quiso que su discípulo favorito trascendiera a la suprema crisis que libra al directo conocimiento de la Verdad. Todo en el texto evangélico conspira para predisponerle al acontecimiento.

María envía desde Betania un mensajero a Jesús, que predica en Galilea, quien le transmite: "Señor, se halla enfermo Aquel a quien tú amas." (¿No designa claramente la frase al apóstol Juan, el discípulo amado de Jesús?)

Pero en lugar de acudir Jesús al llamamiento, aguarda dos días diciendo a sus discípulos: "No conduce esta enfermedad a la muerte, sino a la divina gloria, para que el Hijo de Dios sea glorificado... Nuestro amigo Lázaro duerme; pero yo le despertaré."

Así sabía Jesús con antelación cuanto iba a ejecutar. Y llega al preciso momento para realizar el fenómeno previsto y preparado. Cuando en presencia de las hermanas desconsoladas y de lo judíos que acudieran frente a la tumba tallada en la roca, retírase la piedra que ocultaba al durmiente en letárgico sueño, que creían muerto, exclama el Maestro: "¡Levántate, Lázaro!"

Y aquel que se yergue ante la multitud asombrada no es el legendario Lázaro, pálido fantasma que ostenta todavía la sombra del sepulcro, sino un hombre transfigurado, de radiosa frente. Es el apóstol Juan... y ya los fulgores de Patmos llamean en sus ojos porque ha contemplado la divina lumbre. Durante su sueño, ha vivido en lo Eterno. Y el pretendido sudario ha devenido el manto de lino del Iniciado. Ahora comprende el significado

de las palabras del Maestro: "Yo soy la resurrección
y la vida."

El Verbo creador: "¡Levántate, Lázaro!" ha vibra-
do hasta la médula de sus huesos y lo ha convertido
en un resucitado del cuerpo y del alma. Juan comprende ahora por qué es el discípulo más amado;
porque sólo él le comprende en verdad.

Pedro continuará siendo el hombre del pueblo,
el creyente impetuoso y cándido que desmayó en
los últimos instantes. Juan será el Iniciado y el
vidente que acompañará al Maestro al pie de la
cruz, en la oscuridad de la tumba y en el esplendor
del Padre.

CUARTO GRADO INICIÁTICO: VISIÓN SUPREMA

LA TRANSFIGURACIÓN

Epifanía o Visión suprema significa, en la Iniciación pitagórica, la visión conjuntiva a la que
debe seguir la espiritual contemplación.

Es la íntima conmprensión y la asimilación profunda de las cosas en espíritu contempladas. La
Videncia conduce a una concepción sintética del
Cosmos. Es la coronación iniciática. A tal fase corresponde, en la educación dada por Cristo a los
apóstoles, el fenómeno de la **Transfiguración**.

Recordemos las circunstancias en las que tiene
lugar tal acontecimiento.

Palidecía la primaveral aurora del idilio galileo.
Todo en torno de Cristo se ensombrecía. Sus mor-

tales enemigos, fariseos y saduceos, acechaban su retorno a Jerusalén para prenderle y entregarlo a la justicia.

En las fieles ciudades de Galilea las defecciones se producían en masa bajo las calumnias de la gran Sinagoga acusando a Jesús de blasfemia y sacrilegio.

Y a no tardar, Cristo, disponiéndose a su postrer viaje, se despedía tristemente desde un elevado promontorio de sus ciudades queridas y su lago bienamado: "¡Maldición a ti, Cafarnaum; a ti, Corazin, y a ti, Betsaida!" Iracundos asaltos oscurecían cada vez más su aureola de Arcángel Solar.

La noticia de la muerte de Juan Bautista, decapitado por Herodes Antipas, advirtió a Jesús que se acercaba su hora. Conocía su destino y no retrocedía ante él. Pero una pregunta le asaltaba: "¿Han comprendido mis discípulos mi Verbo y su misión en el mundo?" La mayor parte, impregnados del pensamiento judío, imaginaban al Mesías como dominador de los pueblos por medio de las armas. No hallábanse todavía lo suficientemente preparados para comprender la tarea que asumía el Cristo en la historia. Jesús quiso preparar a sus tres elegidos. El relato de Mateo es, en lo que a ello se refiere, especialmente significativo y de singular relieve.

Seis días después, llamó Jesús a Pedro, Santiago y Juan, su hermano, y les condujo lejos, a la cima de una montaña. Y ante ellos se transfiguró.

Resplandecía como el sol su semblante y lucieron como la misma luz sus vestiduras, al tiempo que aparecían Moisés y Elías, quienes permanecieron un rato en su presencia. Entonces Pedro, tomando la palabra, dijo a Jesús: "Señor, bueno será permanecer aquí. Hagamos, si tú quieres, tres tiendas, una para ti, otra para Moisés y la última para Elías." Mientras continuaba hablando, una nube resplandeciente los envolvió. Y súbitamente una voz salió de la nube aquella, diciendo: "He aquí a mi Hijo bienamado en quien he puesto todo mi afecto. ¡Escuchadle!" Al oír estas palabras cayeron los discípulos de bruces al suelo, presa de gran pavor.

Pero Jesús se les aproximó hasta tocarles y dijo: "¡Levantaos! Desechad el miedo de una vez." Entonces levantaron los ojos y sólo vieron a Jesús. (Mateo, XVII, 1-8.) En su lienzo sobre la **Transfiguración**, Rafael ha interpretado maravillosamente, con su genio angélico y platónico, el trascendente sentido de esta visión. Los tres mundos, **físico** o terrestre, **anímico**, o astral y **divino** o espiritual, que domina y compenetra los demás con su radiación, clasificados y diferenciados en tres grupos, constituyen las tres subdivisiones del cuadro.

En la parte inferior, en la base de la montaña, percíbese a los apóstoles no iniciados y a la multitud que razona y disputa entre sí sobre los acontecimientos de un milagro. Ésos no ven a Cristo. Solamente entre la turba el poseso sanado percibe la visión y lanza un grito. En cuanto a los demás, no tienen abiertos aún los ojos del alma.

En la cumbre de la montaña, Pedro, Santiago y
Juan duermen profundamente. No poseen todavía
la capacidad para la videncia espiritual en el estado
de vigilia. Cristo, que aparece levitado de la tierra
entre fulgurantes nubes en medio de Moisés y Elías,
representa la aparición de los tres elegidos. Con-
templando y comprendiendo esta visión, los tres
apóstoles iniciados tienen ante sí, en estos tres símiles, resumida toda la evolución divina.

Porque Moisés, el profeta del Sinaí, el formidable
condensador del **Génesis**, representa la historia de
la tierra desde el origen del mundo. Simboliza todo
el pasado. Elías encarna a Israel y a todos sus profetas, anunciadores del Mesías, simbolizando el
presente.

Cristo es la encarnación radiosa y transparente
del Verbo Solar, el Verbo creador que sostiene
nuestro mundo desde sus orígenes y que habla ahora a través de un hombre, y simboliza el porvenir.[1]

La voz que perciben los apóstoles, es la universal
Palabra del Padre, del Espíritu puro de donde emanan los Verbos, semejante a la música de las esferas
que recorre los mundos regulando sus ritmos, percibida sólo de los clarividentes. En aquella hora
única y solemne, se traduce en lenguaje humano
para los apóstoles.

-----

[1] En el libro sobre Jesús he tratado de definir el estado
íntimo del alma de Cristo en el instante de la Transfiguración.

Así, la visión del Tabor sintetiza en un lienzo, con magna simplicidad, toda la evolución humana y divina. La **Transfiguración** fue el comienzo de una nueva modalidad del éxtasis y de la visión espiritual profunda.

V

RENOVACIÓN DE LOS MISTERIOS — PASIÓN, MUERTE Y RESURRECCIÓN DE CRISTO

Rientes y soleados fueron los tres años del ministerio de Jesús

La vida errante a orillas del lago y a través de los campos compártese con las más graves enseñanzas. La terapéutica del cuerpo y del alma alternan con los ejercicios de la superior videncia. A veces, diríase que asciende vertiginosamente el Maestro para elevar a los suyos a su propia espiritual altura A medida que se eleva, la inmensa mayoría le abandona en el camino. Sólo tres le acompañan hasta la cima, donde caen postrados como bajo los rayos de la revelación

Tal es la radiosa manifestación, de hermosura y fuerza crecientes, de Cristo a través del maestro Jesús. Luego, bruscamente, precipítase el Dios desde esta gloriosa cumbre hasta el abismo de ignominia. Voluntariamente, ante los ojos de sus mismos discípulos, déjase prender por sus enemigos, entregándose sin resistencia a los peores ultrajes, al suplicio y a la muerte. ¿Por qué esta honda caída?

Platón, este prodigioso y modesto iniciado que establece un lazo de transición entre el genio helénico y el cristianismo, ha dicho en cierto lugar que "crucifícase el alma del mundo sobre la trama del universo en todas las criaturas y aguarda su liberación". Raro concepto en donde el autor del **Timeo** parece presentir la misión de Cristo en su aspecto más íntimo y trascendente. Porque esta palabra contiene a la vez el enigma de la evolución planetaria y su solución por el Misterio de la cruz. Después del largo encadenamiento del alma humana en los lazos de la materia, no falta más que el sacrificio de un Dios para librarla y mostrarle la senda del Espíritu.

Dicho en otra forma: para cumplir su misión después de haber iniciado Cristo a sus discípulos, debía, para completar su educación, atravesar una iniciación personal. El Dios debía descender hasta lo más hondo del dolor y de la muerte para identificarse con el corazón y la sangre de la humanidad, imprimiendo a la tierra renovado impulso.

El poderío espiritual se halla en razón directa con los dones del alma. He aquí por qué dándose a la humanidad, penetrando en humano cuerpo y aceptando el martirio, significó para el mismo Cristo una superación.

Y aparecen los nuevos Misterios, con carácter único como jamás se vieron y como indudablemente no se verán jamás en el transcurso de las futuras evoluciones terrestres, sujetas a metamorfosis múl-

tiples. Porque se inició en estos Misterios a un Dios,
Arcángel Solar, actuando de hierofante el Padre,
el Espíritu puro.

Del Cristo resucitado sale el Salvador de la humanidad. De lo que resulta, para el hombre, una
considerable expansión de su zona de percepción
espiritual y, por consecuencia, una incalculable
amplitud de sus destinos físico y celeste.

* * *

Más de un año hacía que acechaban los fariseos
a Jesús. Pero éste no quiso entregarse hasta llegar
su hora. ¡Cuántas veces discutiera con ellos en el
umbral de las sinagogas y bajo los grandes pórticos
del templo de Jerusalén, donde paseaban, con sun-
tuosidad vestidos, los más altos dignatarios del religioso poder! ¡Cuántas veces los redujo al silencio
con su inapelable dialéctica, opiniendo a sus ardi-
des más sutiles lazos! ¡Y cuántas veces también les
atemorizara con sus palabras, que parecían descen-
didas del cielo, como el rayo: "En tres días derribaré el templo y en tres días lo reconstruiré"!

Harto a menudo retábales de frente y algunos
de sus epítetos clavábanse en sus carnes como har-
pones: "¡Hipócritas! ¡Raza de víboras! ¡Sepulcros
blanqueados!" Y cuando, furioso, intentaron prenderle en el mismo templo, Jesús, ante varias tenta-
tivas, apeló al mismo medio que empleara más
tarde Apolonio de Tyana, ante el tribunal del em-

perador Dominiciano. Rodeóse de invisible velo y desapareció a sus ojos. "Y pasó entre ellos sin ser visto", dicen los Evangelios.

Sin embargo, todo se hallaba preparado en la gran Sinagoga para juzgar al peligroso profeta que amenazó destruir el templo y que se llamaba el Mesías. Desde el punto de vista de la ley judía, ambas ofensas eran suficientes para condenarle a muerte. Caifás dijo en pleno sanhedrín: "Precisa que un solo hombre perezca para todo el pueblo de Israel." Y cuando el cielo habla por boca del infierno, la catástrofe es inminente.

En fin, la conjunción de los astros bajo el signo de la Virgen, señaló la fatídica hora en el cuadrante del cielo como en el cuadrante de la historia y proyectó su negro dardo en el alma solar de Cristo.

Reúne a sus apóstoles en el retirado paraje de costumbre, una cueva del Monte de los Olivos, y les anuncia su muerte próxima. Consternados, no lo comprenden ni lo comprenderán hasta más tarde. Es día de Pascua. Dispone Jesús el ágape de despedida en una morada de Jerusalén.

Y he aquí a los doce apóstoles sentados en la sala abovedada, próxima la noche. Sobre la mesa humea el cordero pascual, que para los judíos conmemora la huída del Egipto, que será el símbolo de la suprema víctima.

Al través de las ventanas arcadas, dibújase la oscura silueta de la ciudadela de David, la centelleante techumbre de oro del templo de Herodes, la siniestra fortaleza Antonia, donde impera la lanza romana, bajo la pálida lumbre del crepúsculo.

Hay un depresivo silencio en el ambiente, una atmósfera aplastante y rojiza. Juan, que ve y presiente más que los otros, pregúntase por qué, en la oscuridad creciente, aparece en torno de la cabeza de Cristo un halo suave de donde emergen rayos furtivos que pronto se apagan, como si la hondura del alma de Jesús temblara y se estremeciera ante su resolución postrera.

Y calladamente el discípulo amado inclina su cabeza sobre el corazón del Maestro.

Por fin rompe éste el silencio: "En verdad os digo que uno de vosotros me traicionará esta noche." Como grave murmullo, recorre la palabra los doce, semejante a la alarma de naufragio en una nave en peligro.

"¿Quién? ¿Quién?" Y Jesús, señalando a Judas que oprime su bolsa, convulsivamente, añade sin cólera: "Ve y haz lo que debes." Y viéndose descubierto, sale el traidor con reconcentrada ira.

Entonces Jesús, partiendo el pan y presentando la copa, pronuncia solemnemente las palabras que consagran su misión y que repercuten al través de los siglos: "Tomad... éste es mi cuerpo. Bebed... ésta es mi sangre." Los apóstoles sobrecogidos comprenden menos todavía. Sólo Cristo sabe que en aquel momento ejecuta el supremo acto de su vida.

Por medio de sus palabras, inscritas en lo Invisible, se ofrece a la humanidad, se sacrifica con antelación. Momentos antes, el Hijo de Dios, el Verbo, más libre que todos los Elohim, hubiera podido retroceder rehusando el sangriento holocausto.

Ahora ya no puede. Las palabras han recibido su juramento. Y, como una aureola inmensa, sienten los Elohim que asciende hacia ellos la divina contraparte de Jesús-Cristo, su alma solar con todos sus poderes. Y la retienen en su círculo atento, fulgurante prenda de divino sacrificio que no devolverán hasta después de su muerte. Sobre la tierra no permanece más que el Hijo del Hombre, víctima que avanza hacia el suplicio.

Pero sólo Él conoce también el significado de "el cuerpo y la sangre de Cristo". Remotamente, ofrecieron los Tronos su cuerpo para la creación de la nebulosa. Soplaron los Arqueos [1] y en la saturniana noche apareció el sol. Dieron los Arcángeles su alma de fuego para crear a los Ángeles, prototipos del Hombre.

Y por último, daría Cristo su cuerpo para salvar a la humanidad. De su sangre debía surgir la fraternidad humana, la regeneración de la especie, la resurrección del alma...

Y mientras ofrece a sus discípulos el cáliz donde rojea el áspero vino judío... piensa de nuevo Jesús en su visión celeste, su sueño cósmico anterior a su encarnación, cuando respiraba todavía en la zona

---

[1] Representaciones del Vital principio. — (N. de la T.).

solar, cuando le ofrecieron los doce grandes profetas a Él, el décimotercio, el amargo cáliz.... que aceptó.

Pero los apóstoles, excepto Juan, que percibe lo inefable, no pueden comprender. Presienten que algo terrible se acerca y tiemblan y palidecen. La incertidumbre, la duda, madre del pavor cobarde, les sobrecoge.

Cuando Cristo se levanta y dice: "Vayamos a orar a Getsemaní", los discípulos le siguen dos a dos. Y el triste cortejo sale por la profunda poterna de la puerta de oro, desciende por el siniestro valle de Hinnom, cementerio judío, y el valle de la Sombra Mortal. Traspasan el puente de Cedrón y ocúltanse en la cueva del Monte de los Olivos.

Los apóstoles permanecen mudos, impotentes, aterrados. Bajo los viejos árboles del monte, de retorcidos gestos, de follaje espeso, el círculo infernal se estrecha sobre el Hijo del Hombre para oprimirle con su mortal argolla.

Duermen los apóstoles. Ora Jesús y su frente se cubre de un sudor de sangre. Era necesario que sufriera la angustia sofocante, que bebiera hasta las heces el cáliz, que saboreara la amargura del abandono y de la desesperación humana.

Por fin, lucieron armas y antorchas bajo los árboles. Y aparece Judas con los soldados y, acercándose a Jesús, le da el beso de traición que le designa a los guerreros mercenarios.

Hay en verdad una dulzura infinita en la res-

puesta de Cristo: "Amigo mío, ¿a qué viniste?"
Aplastante dulzura que arrastrará al traidor hasta
el suicidio, a pesar de la negrura de su alma.

Transcurrido este acto de amor perfecto, Jesús
permanecerá impasible hasta el fin. Se hallaba aco-
razado contra todas las torturas.

Helo aquí ante el sumo sacerdote Caifás, tipo
del saduceo empernido y del orgullo sacerdotal
falto de fe.

Se confiesa Jesús el Mesías y desgarra el pontífice sus vestiduras condenándole con ello a muerte.
Pilatos, pretor de Roma, intenta salvar al Galileo
creyéndole un inofensivo visionario, porque este
pretendido "rey de los judíos" que se llama "hijo
de Dios", añade que "su reino no es de este mundo".

Pero los sacerdotes judíos, evocando la sombra
celosa de César y la turba aullando: "Crucifícale",
deciden al procónsul, después de lavarse las manos
por tal crimen, a entregar al Mesías en manos de
los brutales legionarios romanos. Y le revisten con
manto de púrpura, ciñen su frente con corona de
espinas y colocan una caña en sus manos como irri-
sorio cetro. Llueven sobre él golpes e insultos. Evi-
denciando su desprecio hacia los judíos, exclama
Pilatos: "He aquí a vuestro rey." Y añade con amar-
ga ironía: ¡**Ecce Homo!** como si toda la abyección
y la miseria humana se condensaran en el profeta
flagelado.

La claudicante antigüedad y aun los mismos es-
toicos no comprendieron mejor que Pilatos al Cris-

to de la Pasión. No vieron más que el exterior
represivo, su aparente inercia que les soliviantaba
de indignación...

Sin embargo, todos los acontecimientos de la vida
de Jesús poseen a la vez que una trascendencia simbólica, una significación mística que influye en la
humanidad futura. Los pasos de la Cruz, evocados
en astrales imágenes por los santos de la Edad Media, se convirtieron para ellos en instrumentos de
iniciación y perfeccionamiento. Los hermanos de
San Juan y los templarios, los cruzados que conci-
bieron la conquista de Jerusalén para alzarla a capital del mundo, los misteriosos rosacruces de XIV
siglo, que prepararon la reconciliación de la ciencia
con la fe, del Oriente con el Occidente por medio
de una magna sabiduría, todos estos hombres con-
sagrados a la actividad espiritual en el más amplio
sentido de la palabra, hallarían en la Pasión de
Cristo una inagotable fuente de poder. Al contemplar la Flagelación, la imagen moribunda de Cristo
les decía: "Aprende de mí a permanecer impasible
bajo los azotes del destino, resistiendo todos los
dolores, y adquirirás un nuevo sentido: la comprensión del dolor, sentimiento de la unidad con todos
los seres. Porque si consentí en sacrificarme para
todos los hombres, fue para enseñorearme de lo más
profundo de su alma."

La Corona de espinas les inclinó a desafiar moral
e intelectualmente al mundo, soportando el desprecio y el ataque contra lo más caro y querido,

diciéndoles: "Arrostra valientemente los golpes cuando todos se vuelven contra ti. Aprende a afirmar contra la negación del mundo. Sólo así te convertirás en ti mismo."

La escena de la Cruz a cuestas les sugería una nueva virtud diciendo: "Esfuérzate en sobrellevar el mundo sobre tu conciencia como consintiera Cristo en llevar la Cruz para identificarse con la tierra. Aprende a sobrellevar el cuerpo como una cosa externa. Necesario es que el espíritu sujete al cuerpo con su voluntad como sujeta la mano el martillo."

Por tanto, el Misterio de la Pasión no significó en manera alguna para el Occidente y los pueblos norteños un motivo de pasividad, sino una renovación de energía por medio del Amor y del Sacrificio.

La escena del Gólgota es el último término de la vida de Cristo, el sello impreso sobre su misión, y por tanto, el más profundo Misterio de dolor es algo tan sagrado, que mostrar su imagen a los ojos de la multitud puede parecer sacrílega profanación.

¿A qué viene la lúgubre escena de la crucifixión?, se preguntaban los paganos de los primeros siglos. ¿De este martirio cruel ha de surgir la salvación del mundo? Y muchos pensadores modernos han repetido: ¿La muerte de un justo tiene que salvar necesariamente a la humanidad? ¡En tal caso Dios es un verdugo y el universo un potro de tortura!

Rodolfo Steiner ha dado a tan agudo problema la más filosófica respuesta: "Hay que evidenciar a los ojos del mundo que siempre lo espiritual ha vencido a lo material. **La escena del Gólgota no es otra cosa que una Iniciación transportada sobre el plano de la historia universal.** De las gotas de sangre vertidas sobre la cruz, mana un torrente de vida para el espíritu. La sangre es la substancialización del yo. Con la sangre derramada en el Gólgota penetraría el amor de Cristo en el humano egoísmo como vivificante flúido."

Lentamente, la cruz se levanta sobre la siniestra colina que domina Sión. En la víctima ensangrentada que se estremece y palpita bajo el infame suplicio, respira un alma sobrehumana. Pero Cristo entregó su poderes a los Elohim, y siéntese como desprendido de su aura solar, en soledad horrible, en lo más hondo de un abismo de tinieblas donde gritan los soldados y vociferan los enemigos.

Oscura nube pesa sobre Jerusalén. La terrena atmósfera es sólo un prisma de la vida universal. Sus flúidos, vientos, elementales espíritus, aliméntanse a veces con las pasiones humanas mientras responden a las impulsaciones cósmicas por medio de sus tempestades y convulsiones.

Y llegaron para Jesús las horas de agonía, aplastantes como eternidades. A pesar de los desgarramientos del suplicio, continúa siendo el Mesías. Perdona a sus verdugos, consuela al ladrón que mantiene la fe. Próxima la muerte, siente Jesús la abrasante sed de los ajusticiados, presagio de liberación. Pero antes de vaciar su cáliz, debía experimentar este sentimiento de soledad que le obligaría a exclamar: "Padre mío, ¿por qué me has abandonado?", seguido de la palabra suprema: "Todo ha terminado", que imprime el sello del Eterno sobre la frente de los siglos suspensos.

Un postrera exclamación brota del pecho del crucificado con estridencias de clarín o semejante al simultáneo desgarrar de las cuerdas de un arpa. Tan terrible y poderoso fue aquel grito, que los legionarios romanos retrocedieron balbuciendo: "¿Sería acaso el Hijo de Dios?"

Ha muerto Cristo y, sin embargo, Cristo está vivo, ¡más vivo que nunca! A los ojos de los hombres, no resta de él más que un cadáver suspendido bajo un cielo más oscuro que el averno. Pero en los mundos astral y espiritual, refulge un chorro de luz seguido del retumbar de un trueno de mil ecos.

De un solo ímpetu, el alma de Cristo refúndese en su aura solar seguida por océanos de almas y saludada por el **hosanna** de las regiones celestes. Desde entonces hasta ahora, los videntes de ultratumba y los Elohim saben que se ganó la victoria, que se ha desvanecido el aguijón de la muerte, que se ha resquebrajado la lápida que cubre los sepulcros, viéndose las almas flotar sobre sus esqueletos mondos.

Cristo ha reintegrado su reino con sus poderes centuplicados por su sacrificio.

Y ya con renovado impulso se halla presto a penetrar en el corazón del Infinito, en el burbujeante centro de luz, de amor y de belleza al que llama su Padre. Pero su compasión le atrae hacia la tierra de la que por martirio ha devenido dueño.

Una bruma siniestra, un melancólico silencio continúan envolviendo a Jerusalén. Las santas mujeres lloran sobre el cadáver del Maestro. José de Arimatea le da sepultura. Los apóstoles se ocultan en las cavernas del valle de Hinnom, perdida toda esperanza, ya que desapareció el Maestro.

Nada ha cambiado, en apariencia, en el opaco mundo de materia. Y sin embargo, un singular acontecimiento ha ocurrido en el templo de Herodes. En el preciso momento en que Jesús expiraba, el espléndido velo de lino, de jacinto y púrpura teñido, que cubría el tabernáculo, se desgarró de arriba abajo. Y un levita que pasaba vio en el interior del santuario el arca de oro contorneada por querubines de oro macizo con sus alas tendidas hacia la bóveda. Y sucedió algo inaudito, porque los ojos profanos pudieron contemplar el misterio del santo de los santos donde el propio pontífice máximo no podía penetrar más que una vez al año. Los sacrificadores echaron a la multitud temerosos de que presenciara el sacrilegio.

He aquí el significado del hecho: la imagen del Querubín que tiene cuerpo de león, alas de águila y cabeza de ángel, semeja la de la esfinge y simboliza la evolución completa del alma humana, su descenso en la carne y su retorno al Espíritu. Cristo hizo que se desgarrara el velo del santuario resolviendo el enigma de la Esfinge.

En adelante, el Misterio de la vida y de la evolución se hace asequible para cuantos osan y quieren.

Y ahora, para explicar la misión realizada por el espíritu de Cristo, mientras los suyos **velaban sus exequias**, debemos apelar una vez más al acto capital de la iniciación egipcia.

Permanecía el iniciado tres días y tres noches sumergido en letárgico sueño en el interior de un sarcófago, bajo la vigilancia del hierofante. Durante este tiempo y con relación a su grado de adelanto, efectuaba su viaje por el otro mundo.

Según el lenguaje de los tiempos era como resucitado y **dos veces nacido**, porque recordaba al despertar su anterior permanencia en el imperio de los muertos. También realizó Cristo su viaje cósmico mientras permanecía en el sepulcro antes de su resurrección espiritual a los ojos de los suyos. Todavía hay en ello un paralelismo entre la Iniciación antigua y los modernos Misterios que aportó Cristo al mundo. Paralelismo, aunque también mayor amplitud. Porque el viaje astral de un Dios que atravesara la prueba de la muerte física debía, necesariamente, pertenecer a una índole distinta, de más vasto alcance que el tímido bogar de un simple mortal en el reino de los muertos, en la barca de Isis.[1]

Dos corrientes psicoflúidas envuelven al globo terrestre con anillos múltiples como eléctricas serpientes en perpetuo movimiento. Moisés llama a una **Horeb** y Orfeo llámala **Erebo**. Podría llamarse también **fuerza centrípeta** porque tiene su centro en el interior de la tierra y a ella conduce todo cuanto se precipita en su flujo torrencial. Es el abismo de las generaciones, del deseo y de la muerte; la esfera de experimentación llamada también por las religiones purgatorio. Arrastra en sus remansos y torbellinos a todas las almas todavía sujetas a sus pasiones terrenas. A la otra corriente la denomina Moisés **Yona** y podríamos definirla como **fuerza centrífuga**, porque en ella subyace la **potencialidad de expansión** como en la otra la de **contracción** y se halla relacionada con todo el Cosmos. Por ella ascienden las almas al sol y al cielo y por su mediación también se hacen asequibles las divinas influencias. Por ella descendiera Cristo bajo el símbolo de la Paloma.

Si los iniciados predispuestos para el viaje cósmico por un alma altamente evolucionada hubieran sabido en todo tiempo alcanzar la corriente yona después de su muerte, la inmensa multitud de almas

---

[1] Esta barca era en realidad el cuerpo etéreo del iniciado, que el hierofante separaba del cuerpo físico, arrastrado por el torbellino de las corrientes astrales.

entenebrecidas por los vahos de la carne, difícilmente volverían, sin abandonar apenas de una encarnación a otra la región de Horeb.

El tránsito de Cristo por los limbos crepusculares, abrió una brecha perdurando en circuitos luminosos y franqueando de nuevo a las almas perdidas, como las del segundo círculo del Infierno del Dante, las rutas celestes.

Así alumbraría la misión de Cristo, ampliando los límites de la vida después de la muerte como ampliara y alumbrara la vida sobre la tierra.

Pero lo esencial de su misión consiste en llevar la certeza de la resurrección espiritual en el corazón de los apóstoles que debían divulgar su pensamiento por el mundo. Después de resucitar por sí mismo debía resucitar en ellos y por ellos para que este hecho planeara sobre toda la historia futura. La resurrección de Cristo debía ser la prenda de la resurrección de las almas en esta vida como de su fe en la otra.

Por ello no bastaba que Cristo se manifestara a los suyos en visión astral durante el profundo sueño. Necesitaba mostrarse durante la vigilia, en el plano físico, y que la resurrección tuviera para ellos, en cierto aspecto, una apariencia material.

Y tal fenómeno, aunque difícil para otros, podía fácilmente realizarlo Cristo, porque el cuerpo etéreo de los grandes Adeptos —y el de Cristo debía poseer una vitalidad particularmente sutil e intensa— se conserva durante mucho tiempo después de acaecida su muerte, perdurando en la materia una porción de su influjo. Basta que el Espíritu la anime para en determinadas condiciones hacerla visible.

La fe en la resurrección no nace bruscamente en los apóstoles, sino que debía insinuarse en ellos como una voz que persuade por el acento del corazón, como un soplo de vida que se comunica. Se posesiona de su alma como avanza paulatinamente el día, transcurrida la profunda noche.

Tal es el alba clara que se alza sobre la grisácea Palestina. Escalónanse las apariciones de Cristo para surtir efectos crecientes. Leves al principio y fugitivas como sombras, aumentan luego en radiación y fuerza.

Pero ¿cómo ha desaparecido el cuerpo de Jesús? ¿Lo ha consumido el Fuego Original bajo el aliento de las Potestades como el de Zoroastro, de Moisés y Elías y tembló por ello la tierra, la guardia derribada, como describe el Evangelista? ¿O bien, sutilizado, espiritualizado hasta el punto de despojarse de toda partícula material fundióse entre los elementos como un perfume en el agua, como un bálsamo en el aire? Sea lo que fuere, mediante maravillosa alquimia se diluyó en la atmósfera su quintaesencia exquisita.

Pero he aquí a María Magdalena, portadora de esencias, viendo en el sepulcro vacío a "dos ángeles de faz radiosa y vestiduras níveas". Vuélvese asustada y se encuentra con un personaje que no reconoció, sobresaltada, y cuya voz pronuncia su nombre: "María..." Conmovida hasta la médula reconoce al Maestro y se arroja a sus pies para rozar el extremo de su túnica.

Pero Él, como si temiera el contacto harto material de aquella de quien "alejara siete demonios", dice: "No me toques... ¡Ve y dí a los apóstoles que he resucitado!"

Aquí habla el Salvador a la mujer apasionada, a la pecadora convertida en fervorosa del Señor. Con una sola palabra vierte hasta el fondo de su corazón el bálsamo de eterno Amor, porque sabe que al través de la Mujer alcanzará el alma de la humanidad.

Cuando Jesús se aparece luego secretamente a los once, reunidos en una casa de Jerusalén y les da cita en Galilea, el Maestro reúne su rebaño electo para la obra futura.

En el patético crepúsculo de Emaus, el divino sanador de almas enciende de nuevo la fe en el ardiente corazón de dos discípulos afligidos.

En las playas del lago de Tiberíades se aparece a Pedro y a Juan, preparándolos para su difícil misión.

Y cuando por fin se muestra a los suyos por vez postrera sobre la montaña de Galilea, les dice estas palabras: "Id y predicad el Evangelio por doquiera... ¡Yo estaré con vosotros hasta el fin del mundo!"

Es la solemne despedida del Maestro y el testamento del Rey de los Arcángeles solares.

Así el místico acontecimiento de la resurrección, que debía nacer entre los apóstoles como tímida aurora, se intensifica y aclara, finalizando en un glorioso poniente que consolida su pensamiento eterno, envolviéndolo en su púrpura suntuosa y profética.

Una vez más, años más tarde, aparecerá Cristo de una manera excepcional a Pablo, su adversario, en el camino de Damasco, para convertirlo en su más fervoroso defensor.

Si las precedentes apariciones de Cristo se hallan como revestidas de un nimbo de ensueño, posee ésta un carácter histórico incontestable. Más insólita que las otras, posee una radiación victoriosa. Todavía la cantidad de fuerza aplicada se equipara con el resultado perseguido. Porque de esta visión fulminante debía salir la misión del apóstol de los gentiles, que convertiría al Cristo a la humanidad greco-latina y por ella a todo el Occidente.

* * *

Como astro radiante, promesa de un mundo que vendrá, planea sobre la densa bruma del horizonte, así la resurrección espiritual planea sobre la obra entera de Cristo. Es su necesaria conclusión y su corolario.

Ni el odio, ni la duda ni el mal han sido desterrados. No deben desaparecer todavía, porque son a manera de fermentos para la evolución.

Pero en adelante, nada podrá arrancar del corazón del hombre la Esperanza inmortal. Por cima de fracasos y muertes, un coro inextinguible cantará al través de las edades: "¡Cristo ha resucitado! ¡Se han abierto las rutas de la tierra y del cielo!"

FIN DE "LOS GRANDES INICIADOS"

INDICE

Pág.

JESUS.— La misión del Cristo.

I.— Estado del mundo al nacimiento de Jesús . . 7

II.— María. La primera infancia de Jesús 26

III.— Los Esenios. Juan el Bautista. La tentación . 39

IV.— La vida pública de Jesús. Enseñanza popular y enseñanza esotérica. Los milagros. Los Apóstoles. Las mujeres. 62

V.— Lucha con los fariseos. La huida a Cesárea. La Transfiguración 79

VI.— Ultimo viaje a Jerusalén. La promesa. La cena, el proceso, la muerte y la resurrección 94

VII.— La promesa y su cumplimiento. El templo 133

JESUS Y LOS ESENIOS.— La secreta enseñanza de Jesús.

I.— El Cristo cósmico 139

II.— El maestro Jesús, sus orígenes y su desenvolvimiento 151

III.— Permanencia de Jesús con los Esenios. El bautismo del Jordán y la Encarnación de Cristo 162

IV.— Renovación de los Misterios antiguos por la venida de Cristo. De la tentación a la transfiguración 179

V.— Renovación de los Misterios. Pasión, muerte y resurrección de Cristo 204

Este libro se terminó de imprimir
en Enero de 2005. Tel.: (011) 4204-9013
Gral. Vedia 280 Avellaneda
Buenos Aires - Argentina
Tirada 1000 ejemplares